MONTBLANC

(Hérault)

L'Eglise * Histoire

Par l'abbé E. BOUGETTE

Lauréat et Membre correspondant de la Société archéologique de Béziers.

BAR-LE-DUC

IMPRIMERIE SAINT-PAUL

36, boulevard de la Banque.

1906

MONTBLANC

VUE DE L'ÉGLISE

MONTBLANC

(Hérault)

L'Eglise * Histoire

Par l'abbé E. BOUGETTE

Lauréat et Membre correspondant de la Société archéologique de Béziers.

BAR-LE-DUC

IMPRIMERIE SAINT-PAUL

36, boulevard de la Banque.

1905

PRÉFACE

Cet ouvrage est destiné à la population de Montblanc. Nul n'est insensible à l'idée de patrie — « la patrie c'est la terre des ancêtres, c'est le pays tel que les ancêtres l'ont fait. » Chacun veut connaître son pays. Nous croyons répondre au désir général en publiant ce livre.

En tête, se trouve la monographie de l'église ; au point de vue archéologique, l'église demandait une étude spéciale, assez étendue.

La partie historique est aussi complète que possible. Nous avons glané à travers le *Gallia christiana*, l'*Histoire générale de Languedoc*, le Cartulaire de l'Eglise cathédrale Saint-Nazaire de Béziers (*Livre noir* et *Livre de omnibus*), ce qui concerne la période ancienne.

Un document inconnu jusqu'à ce jour, le *Procès-verbal de la visite pastorale* de Jean IV de Bousy, à Montblanc, le 8 mars 1605, que nous donnons en appendice, nous a permis d'établir d'une manière précise l'état religieux du pays, à la fin du seizième siècle.

Les autres matériaux ont été fournis soit par les archives municipales (*Registres des délibérations* des assemblées communales, vieux *compoix*); soit par les archives paroissiales (*Registres de catholicité, Livres des Confréries*); soit par les minutes des anciens *Notariats*.

Sans doute, on trouvera dans notre récit des faits et des détails de peu d'importance; mais, quand il s'agit de connaître les mœurs des générations qui nous ont précédés, les transformations qui se sont accomplies dans le pays que nous habitons, rien ne nous est indifférent.

Puisse ce modeste travail accroître l'amour du sol natal, fortifier le sentiment de fraternité qui doit exister entre les membres de la même famille et inspirer la fidélité à la doctrine que rappelle le monument cher à tous, le clocher !

L'Eglise de Montblanc.

CHAPITRE PREMIER

EGLISE PRIMITIVE

I. — L'église de Montblanc présente deux parties distinctes, bien caractérisées au point de vue architectural : l'église primitive et les adjonctions postérieures conservent chacune leur physionomie particulière.

Telle qu'elle était primitivement, cette église ressemblait plutôt à une forteresse qu'à un temple religieux. Elle occupait tout un côté du quadrilatère qui constituait la première enceinte fortifiée, dans laquelle se trouvait le château. Elle appartient à la période romane secondaire ; on doit placer sa construction au onzième siècle.

Sa forme est celle d'un long rectangle terminé par un hémicycle. Un oculus au-dessus de l'arcade du sanctuaire et une petite fenêtre, en forme de meurtrière, au-dessus du portail, étaient les seules ouvertures qui éclairaient l'intérieur de l'édifice.

Les murs, de près de deux mètres d'épaisseur, étaient couronnés extérieurement dans toute leur étendue, sauf du côté de l'enceinte fortifiée, de mâchicoulis formés de parapets crénelés, reposant sur des arcs en plein cintre.

Une partie de ces mâchicoulis fut démolie lors de la

construction du clocher ; ceux de la façade furent démolis quand on ouvrit l'oculus qui se trouve au-dessus du portail ; quant à ceux de l'abside, ils ont disparu en partie, entraînés par un mouvement qui s'est produit dans la maçonnerie, sur le côté gauche, il y a plusieurs siècles.

A la hauteur de la toiture, en arrière des mâchicoulis, les murs larges servaient de chemin de ronde. Un édicule placé au point le plus élevé du toit était destiné à abriter celui qui faisait le guet.

On accédait à ces remparts par un escalier pratiqué dans l'épaisseur du mur, à gauche du portail, et qui ouvrait dans l'église à une hauteur de plus de quatre mètres (1).

Evidemment, cette église fut construite pour servir de lieu de défense en même temps que de lieu de prière : n'était la forme semi-circulaire du chœur, on la prendrait pour une forteresse. « Peu d'édifices religieux ont un aspect militaire aussi marqué que l'église de Montblanc (2). »

Si, à l'extérieur, l'église présente une architecture sévère, l'intérieur aussi indique une époque où l'art était sobre d'ornement.

Inutile de dire qu'elle est orientée ; le moyen-âge aimait beaucoup le symbolisme. « Longtemps avant le onzième siècle, les chevets des églises furent dirigés vers l'Orient, soit pour que le soleil en éclairât l'intérieur de ses premiers rayons, par allusion à la lumière céleste du Soleil de justice qui doit éclairer nos cœurs, soit afin que les fidèles qui viendraient y prier eussent la face tournée vers la contrée qui fut le berceau du christianisme (3). » Il convient toutefois

(1) Cet escalier, dont la porte se trouve maintenant murée, a donné naissance à la croyance populaire d'une voie souterraine partant de ce point et allant déboucher hors des murailles. C'est là une légende que les gens sérieux ont toujours placée au rang des fables.

(2) E. Sabatier, *Etude et notes archéologiques sur les châteaux abbayes et églises de l'ancien diocèse de Béziers.*

(3) Bourassé, *Archéologie chrétienne.*

de remarquer que l'orientation n'est pas parfaite. Son axe incline légèrement vers le sud. Cela tient sans doute à ce qu'on se sera dirigé vers le point où se levait le soleil à l'époque de l'ouverture des travaux de construction.

Le portail est formé de trois cintres superposés retombant sur de simples pieds-droits (1).

La nef est divisée en trois travées de sept mètres chacune, séparées par des piliers en forme de demi-colonnes, reposant sur des bases cubiques chanfreinées et couronnées par de lourds chapiteaux sans décor.

A la hauteur des chapiteaux, court, sur toute la longueur du mur, une corniche faite d'une moulure simple.

Sur cette corniche vint plus tard reposer la voûte. « Durant la période des onzième et douzième siècles, la plupart des églises ne furent pas voûtées, à cause des difficultés que l'on éprouvait dans l'élévation de la voûte à plein cintre. Généralement, on se contentait de voûter l'abside. Les voûtes de cette époque sont rares, et beaucoup d'églises du onzième siècle ont été voûtées postérieurement (2). » Ce détail explique la différence de style qui existe entre la voûte et l'ensemble de l'église ; la voûte en plein cintre est supportée par des arceaux en ogive ; elle est donc postérieure à la construction du reste de l'édifice.

La nef n'ayant pas de fenêtre, afin de rompre la nudité des murs, on tailla sur les parois, dans l'intervalle compris entre les piliers, de grandes arcades peu profondes.

A la suite des trois premières travées s'en ajoute une quatrième, de moitié moins longue ; celle-ci, jointe à l'abside, forme le chœur.

(1) En examinant de près, on voit que le portail actuel ne remonte pas à la construction de l'église. Il est probable que, comme pour la plupart des églises de cette époque, l'entrée était sur le côté. La large porte qui met en communication la nef avec la chapelle de Sainte-Philomène serait donc le portail primitif.

(2) Bourassé, *Archéologie chrétienne.*

L'arcade qui s'élève au-dessus du sanctuaire est surbaissée d'une manière sensible du côté de l'Epître. C'est l'*inclinato capite*, qu'on voit si souvent dans les églises anciennes, par où on voulait symboliser la position de la tête de Notre-Seigneur sur la croix.

II. — ***Inscription tumulaire.*** — Au milieu de la deuxième travée de la nef, sur le mur, du côté droit, à une hauteur de plus de deux mètres, est encastrée une tablette en marbre blanc, de vingt-cinq centimètres carrés, portant cette inscription :

XIII Kalendas februarii obiit Nard... Capellanus istius Ecclesiæ. Quid respicis ? Quod sum eris. Quod es fui. Ora Pat. Hic requiescit.

« Ici repose Nard... Curé de cette Eglise, décédé le treizième jour des calendes de février (20 janvier). Pourquoi me regardes-tu ? Ce que je suis, tu le seras. Ce que tu es, je l'ai été. Prie Dieu pour moi. »

Comme on le voit, une chose manque à cette inscription : l'année du décès, qui devrait figurer en première ligne. La tablette a-t-elle été fracturée dans sa partie supérieure ?

On trouve sur le mur intérieur de la chapelle du jardin de l'ancien prieuré de Cassan plusieurs inscriptions indiquant, comme celle-ci, le quantième du mois du décès et ne faisant aucune mention de l'année. Ces pierres étaient posées afin de rappeler l'anniversaire de la mort de quelque personne importante ou de quelque bienfaiteur, pour lequel on célébrait un obit à pareil jour.

A quelle époque remonte cette tablette ? Si on la compare à des inscriptions similaires pour lesquelles la date est connue, on peut lui assigner le treizième siècle ou le commencement du siècle suivant.

CHAPITRE DEUXIÈME

EGLISE ACTUELLE

L'église avec sa longue nef, sans transept ni chapelle, et avec son abside, constituait un vaisseau d'une régularité parfaite. Elle avait été construite de manière à servir de forteresse ; la période de troubles passée, on songea à la mieux adapter à sa destination de lieu de prière. On y ajouta ce qui manquait au temple chrétien : un clocher et des chapelles (1).

Vers la fin du douzième siècle s'était produit un grand changement dans la construction des édifices religieux. Au plein cintre, qui fournissait des monuments capables de défier les siècles, mais lourds, le génie chrétien avait substitué l'ogive qui, par sa forme élancée, symbolise la prière s'élevant vers le ciel ; ce genre d'architecture, toutefois, n'avait pénétré dans le midi de la France qu'un siècle plus tard.

On agrandit donc l'église. Au lieu de suivre le style de

(1) « Les chapelles latérales parurent aux architectes du XIVe siècle tellement nécessaires aux grands édifices que souvent ils en ajoutèrent en sous-œuvre aux églises bâties aux siècles précédents. » (Bourassé, *Arch. chr.*)

la construction primitive, on céda à l'entraînement de l'époque pour le style nouveau ; à la nef romane on ajouta des chapelles ogivales.

Ce mélange de styles, qui choque le regard partout où on le trouve, ne le choque peut-être nulle part autant qu'ici. Les chapelles ajoutées à l'ancienne nef étant d'inégales dimensions, de formes différentes, avec des baies de diverses grandeurs, produisent le plus mauvais effet.

Les chapelles ne furent construites qu'après le clocher ; celui-ci est du quatorzième siècle.

I. — CLOCHER

I. — Le clocher peut certainement être classé parmi les monuments remarquables de la contrée. On aperçoit de loin cette tour majestueuse qui semble protéger les habitations groupées à ses pieds.

De forme rectangulaire, il élève sa masse imposante à une hauteur de trente-sept mètres et se termine en plate-forme. Il a pour tout ornement deux légers cordons qui le coupent transversalement à inégale distance.

A l'intérieur, il est divisé en trois étages ; les deux premiers sont éclairés par de petites fenêtres très simples ; l'étage supérieur, destiné à recevoir les cloches, a sur trois faces deux baies ogivales rapprochées, donnant à distance l'illusion d'une fenêtre géminée ; du côté ouest, il n'a qu'une seule baie, de très grande dimension.

On accède à la plate-forme par un escalier qui prend naissance à l'intérieur de l'église, à la hauteur de la tribune, et qui est placé dans une tourelle en encorbellement jusqu'au troisième étage ; de là à la plate-forme, il se trouve dans une tourelle d'angle.

Le manque de flèche sur cette tour frappe tout d'abord :

on serait tenté de croire que l'œuvre a été interrompu par quelque événement imprévu et qu'on a laissé aux générations suivantes le soin de le terminer. Cependant, en examinant la chose attentivement, on voit que cela s'harmonise mieux avec l'architecture sévère de l'ensemble ; ensuite, on se demande comment on aurait pu élever une flèche dont la base aurait été carrée ou hexagonale sur une surface rectangulaire sans blesser le goût.

II. — Construit sur le terrain du cimetière, au-dessus de la porte latérale, le clocher repose d'un côté sur le mur même de l'église, et de l'autre est bâti en retrait jusqu'à une hauteur de quatre mètres, laissant à la base une grande ouverture à ogive très aiguë.

La partie inférieure servit de porche jusqu'au moment où elle fut fermée et plus tard fut convertie en chapelle. On laissa une petite porte pour communiquer avec le cimetière ; la chapelle fut ajourée par une baie à ogives trilobées, surmontées d'un quatre-feuilles. La voûte à nervures porte sculpté à la clef l'*Agnus Dei*. Cette particularité nous permet de supposer que le clocher fut bâti par les chevaliers de Saint-Jean de Jérusalem, qui avaient des possessions à Montblanc, ou du moins que l'Ordre contribua pour une part notable à sa construction (1).

Les appartements supérieurs sont aussi voûtés en arcs d'ogive, avec feuilles sculptées à la clef.

Dans l'appartement du premier étage étaient placés les greniers servant à recevoir la part des grains revenant à la Fabrique dans la perception de la dîme (2).

L'appartement du second étage, mieux aménagé, servait

(1) La clef de voûte du chœur de l'église de Tourbes, bâtie par les mêmes chevaliers, porte le même sujet exécuté de la même manière.

(2) Visite pastorale de 1605, Procès-verbal. — V. Appendice.

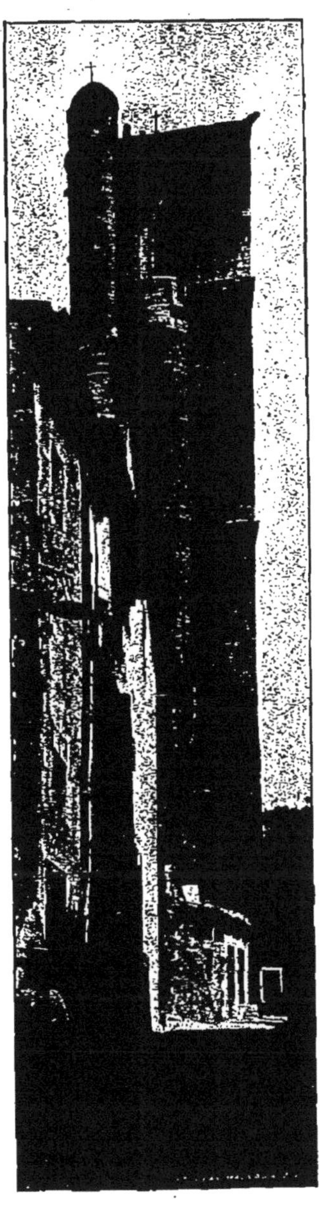

PROFIL DU CLOCHER

de lieu de réunion à l'assemblée communale. C'est là qu'étaient déposés les *registres de la Communauté* (1). Après la construction de la Maison de Ville (1666), on y laissa *les archives* « parce qu'elles s'y trouvaient à l'abri du feu. » Elles étaient enfermées « dans une armoire à deux clefs, déposées l'une chez le premier Consul et l'autre chez le Juge du lieu. »

Cet appartement servit quelquefois *de prison*. Le 19 juin 1721, B. Amiel, ne s'étant pas rendu « pour prendre les armes et garder la porte Riguet à l'heure indiquée, fut arrêté pour être détenu en la chambre dite des archives, faute d'autre prison sûre. » En 1604, on y plaça le mouvement de l'horloge (2).

III. — **Cloche.** — Au troisième étage est installé le beffroi ; il ne supporte en ce moment qu'une seule cloche, ayant un mètre de diamètre, mesurant quatre-vingt-dix centimètres de hauteur et pesant environ six cent cinquante kilogrammes.

A la partie supérieure on lit l'inscription circulaire suivante, gravée en relief, sur deux lignes, en lettres fleuries :

✝ JHS MA XPS VINCIT XPS REGNAT XPS IMPERAT XPS AB OMNI MALO NOS DEFENDAT MPF.

EX EXPENSIS FABRICÆ ECCLESIÆ SANCTÆ EULALIÆ LOCI DE MONTBLANC L MVIXXXII

« Jésus Sauveur des hommes — Marie — le Christ est vainqueur — le Christ règne — le Christ commande — Que le

(1) Ibidem.

(2) La cloche servant de timbre à l'horloge est supportée par une charpente en fer fixée sur la plate-forme du clocher. Cette cloche, du poids d'environ 250 kilogr., sur laquelle se trouvent gravés les noms de ses donateurs et l'année de sa bénédiction (1780), avait appartenu à un monastère de femmes elle fut achetée par la commune à l'époque de la Révolution.

Christ nous préserve de tout mal. — M. P. (initiales du fondeur) F l'a faite.

« Des dépenses de la Fabrique de l'Eglise Sainte-Eulalie du lieu de Montblanc — l'an 1632. »

A la première ligne se trouvent deux petits cartouches, l'un au commencement représentant une croix, l'autre à l'extrémité, portant une fleur de lis au-dessus d'une cloche, accostée des deux lettres MP (marque de fabrique).

A la seconde ligne se trouvent au commencement un cartouche plus grand représentant Notre-Seigneur sur la croix, avec la sainte Vierge et saint Jean debout à côté ; au milieu, après le mot FABRICÆ, un petit cartouche représentant sainte Eulalie, martyre.

A la partie inférieure de la cloche est gravée une grande croix, plantée sur un piédestal formé de cinq marches.

IV. — ***Chapelle de Saint-Martin.*** — La chapelle établie « dans le sol du clocher (1) », « à l'entrée de l'église (2) », était dédiée à saint Martin (3).

Cette chapelle fut érigée après que l'église rurale de Saint-Martin de Fenouillet, dont nous parlerons plus loin, eut été ruinée. Le seigneur de Montblanc avait droit de patronage (4). Elle jouissait des revenus du fief et autres biens de l'ancienne église de Saint-Martin, ainsi que des immeubles qu'elle acquit dans la suite, savoir : un pré de deux sétérées (5) à la Joncasse, et une olivette de six sétérées à Rotocos (6).

Le chapelain était obligé d'y dire une messe tous les

(1) Registre des morts de la paroisse : 26 janvier 1623.

(2) Id. : 17 avril 1626.

(3) *Capella sancti Martini, in ingressu Ecclesiæ.* — Visit. past. Proc.-verb.

(4) Visit. past. Proc.-verb.

(5) La sétérée comprenait 23 ares 69 centiares.

(6) Vieux compoix (1603), f° 177.

samedis et d'y célébrer un obit le lendemain de chaque fête solennelle (1). En 1605, ses revenus étaient estimés cent livres (2) ; Pons Revel, prieur de Valros, en était chapelain ; il tenait son titre de l'évêque de Béziers, le seigneur n'ayant pas fait la nomination en temps opportun.

Au mois de mars 1616, Gaspard de Malefosse nomma chapelain son cousin, Jean-Antoine de Thézan de Saint-Geniès, qui fut plus tard abbé de Quarante. Celui-ci vendit, le 28 février 1632, un patus que possédait la chapelle au portail d'Emblanc, moyennant soixante livres.

La famille de Thézan ayant été héritière de Gaspard de Malefosse, la chapellenie fut occupée par des membres de cette famille jusqu'aux premières années du siècle suivant. Le 1er avril 1697, Jean-Gabriel de Thézan de Saint-Geniès en était titulaire. A ce titre il reçut de Claudine de Fouquet la reconnaissance pour un champ olivette situé au-tènement de Fenouillet, lequel était possédé moyennant trois quarts de punière (3) froment, payable à la fête de saint Nazaire.

François-Gabriel de Thézan du Pujol d'Olargues, abbé commendataire de Saint-Majan de Villemagne, conseiller-clerc au Parlement de Toulouse, chapelain de Saint-Martin, donna à ferme tous les biens de la chapelle, le 2 juillet 1703, moyennant trois cent quarante livres.

A sa mort, survenue le 2 septembre 1704, l'abbé François de Chalvet, clerc-tonsuré du diocèse de Toulouse, fut nommé chapelain.

(1) Visit. past. Audition des habitants. — Voir Appendice.

(2) La livre valait vingt sous. Le sou valait à peu près le sou actuel; mais sa valeur, comparée aux objets ou travaux de l'époque, était plus importante que de nos jours. Cinquante sous représentent actuellement la valeur moyenne d'une journée, quatre ou cinq sous représentaient la même valeur.

(3) La punière contenait quatre litres dix centilitres.

II. — CHAPELLES LATÉRALES

I. — ***Chapelles du côté droit.*** — Deux chapelles furent bâties sur chaque côté de la nef de l'église. Celles du côté

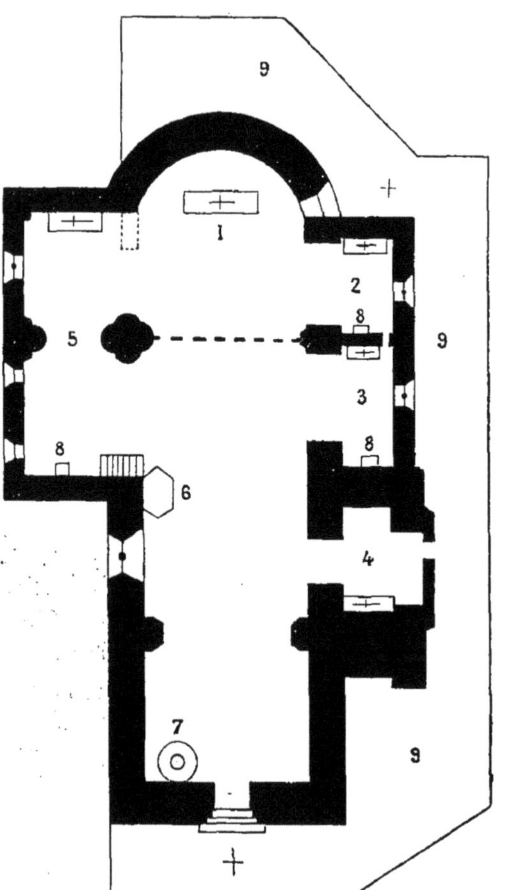

1. Maître-autel.
2. Chapelle de Notre-Seigneur.
3. Chapelle des Onze mille Vierges.
4. Chapelle de Saint-Martin.
5. De la Bse Vierge Marie.
6. Chaire à prêcher.
7. Fonts baptismaux.
8. Confessionnaux.
9. Cimetière.

Eglise de Montblanc au XVIe siècle.

droit appartiennent au quatorzième siècle et ont été construites en même temps ou à peu d'intervalle l'une de l'autre ; à l'extérieur, elles ne forment qu'une même maçonnerie. Elles appuient d'un côté au mur du clocher, et de l'autre aux contreforts de la travée du chœur, qui furent prolongés et servent à soutenir cette partie de la construction, qui a fléchi.

D'inégale grandeur, ces chapelles communiquent par une petite porte ouverte dans l'épaisseur du contrefort ; les arcs, qui supportent les voûtes d'arête, reposent sur des culs-de-lampe ornés de figures humaines ou de feuillage. Les baies sont géminées : celle de la première est à ogive simple ; celle de la seconde, plus grande, est à ogives trilobées.

1° *Chapelle de Notre-Seigneur.* — La chapelle placée au côté droit du chœur fut érigée sous l'invocation de Notre-Seigneur Jésus-Christ (1). Cette chapelle n'était sous aucun patronage, aussi n'avait-elle pas de revenu. A la visite pastorale, en 1605, l'Evêque dut constater l'état de dénûment où elle se trouvait ; l'autel manquait des ornements nécessaires, il n'y avait pas même de tableau. Une confrérie, dite de Notre-Seigneur, y avait son siège (2).

2° *Chapelle des onze mille vierges.* — La chapelle qui « touche au mur du clocher (3) » était dédiée aux onze mille vierges (4) (sainte Ursule et ses compagnes, vierges de Cologne). Elle possédait des immeubles d'une contenance d'environ vingt sétérées. Le chapelain était tenu d'y célébrer la messe tous les dimanches. En 1605, sa rente était estimée cinq sétiers de blé ; Guillaume Gousi, vicaire perpétuel de Montblanc, en était chapelain. En 1620, la chapellenie était occupée par Antoine Fraisse et, en 1627,

(1) *Capella quæ est sub invocatione Domini nostri Jesu Christi.* — Visit. past. Proc.-verb.

(2) Visit. past. Proc.-verb.

(3) Registre des morts : 28 juillet 1631.

(4) *Capella quæ est sub invocatione beatarum undecim millium Virginum.* — Visit. past. Proc.-verb.

par Me Jean Dumas; les biens de la chapelle furent affermés cette même année « moyennant le prix et quantité de cinq sétiers beau blé froment, livrables à la fête de la Madeleine et rendus en la ville de Béziers. » En 1629, Guillaume Lasserre, prieur de Nézignan-l'Evêque, en était chapelain ; en 1667, c'était Gabriel Apolis, bénéficier de Saint-Nazaire ; en 1699, c'était Mathieu Estorc, syndic du Chapitre de Saint-Pons ; en 1758, c'était Me Massol, de Béziers.

Dans la chapelle des onze mille vierges furent fondées trois autres chapellenies : l'une en l'honneur de sainte Catherine, l'autre par la famille Cotte, et la troisième en l'honneur de saint Antoine.

Chapelle de Sainte-Catherine. — Cette chapelle possédait dix sétérées d'immeubles (1) ; en 1605, sa rente valait trois sétiers de blé (2) ; dans le courant du dix-septième siècle, ses propriétés augmentèrent jusqu'à dix-huit sétérées (3). Le chapelain était obligé d'y célébrer la messe le premier mardi de chaque mois (4). La chapellenie était tenue, en 1605, par Guillaume Fabri, vicaire général de Béziers ; en 1627, par Me Jean Dumas ; en 1667, par Me Gabriel Apolis ; et en 1754, par Me Banal, de Béziers.

Chapelle de Cotte. — Cette chapelle était ainsi appelée du nom de ses fondateurs, qui jouissaient du droit de patronage et y avaient leur tombeau (5).

La famille Cotte était une des plus anciennes et des plus honorables du pays ; plusieurs de ses membres occupèrent les offices de bailli et de notaire, ainsi que le Consulat, dans le cours du dix-septième siècle.

(1) Vieux compoix, f° 664.
(2) Le sétier contenait 65 litres 59 centilitres.
(3) Compoix de 1758, tome II, f° 171.
(4) Visit. past. Audit. des habit. — Voir Appendice.
(5) Visit. past. Proc.-verb.

Les possessions de cette chapelle consistaient en une maison dans l'intérieur du village et en plusieurs terres d'une contenance d'environ huit sétérées (1). Les revenus étaient estimés, en 1605, « trois écus (2), toutes charges payées. » Le chapelain était tenu de dire une messe chaque jeudi (3). En général, les chapelains appartenaient à la famille Cotte ; en 1605, c'était Etienne-Gui Cotte ; en 1758, c'était Antoine Nauthon, descendant de cette famille ; à sa mort (1770), la chapellenie fut donnée à Etienne de Ribes, chanoine de Béziers.

Chapelle de Saint-Antoine. — Communément désignée sous le nom de « chapelle d'Antoine Bénézech (4) », cette chapelle possédait à Prat-Lausso un pré d'une contenance de quatre sétérées (5) qui « confrontait de Narbonès la carrière de quatre cannes de large » et était situé tout près de la rivière de Tongue ; de là vint à la passerelle voisine le nom de *pont de S.-Antoine*. Son revenu, en 1605, valait quatre sétiers de blé ; le vicaire perpétuel de Quarante en était chapelain ; en 1758, c'était Me Boniol, archiprêtre du Pouget.

II. — **Chapelles du côté gauche.** — Ces deux chapelles ont été construites dans le cours du quinzième siècle. De même style, presque de même grandeur, attenant l'une à l'autre, elles forment un vaisseau indépendant, une église nouvelle, bien que plus petite, juxtaposée à l'église ancienne.

Les arceaux ogivés qui les mettent en communication,

(1) Vieux compoix, fº 539.
(2) Il serait assez difficile de donner la valeur précise de l'écu à cette époque, à cause des fréquentes variations que subissait la monnaie. La valeur moyenne était de trois livres.
(3) Visit. past. Audit. des habit.
(4) id. id.
(5) Vieux compoix, fº 693.

l'une avec la nef, l'autre avec le chœur, sont largement ouverts ; mais ce dernier empiète très notablement sur la courbe de l'abside. Ces arceaux appuient sur un fort pilier formé d'un faisceau de colonnes engagées, de différentes dimensions, dont les unes supportent les retombées des voûtes des chapelles et la principale supporte un côté de l'arc triomphal.

Ces chapelles diffèrent cependant sur un point ; celle qui ouvre dans le chœur est éclairée par une grande baie à ogives trilobées, l'autre est éclairée par deux baies courtes, à ogive simple, placées à distance l'une de l'autre. Les clefs de voûte sont sculptées : l'une porte un écu avec une tierce en bande, représentant sans doute les armoiries de celui qui fit construire la chapelle ; l'autre porte une couronne de feuilles. Ces deux chapelles n'avaient qu'un seul vocable, c'était la *chapelle de la bienheureuse Vierge Marie* (1). Elle n'était sous aucun patronage. Le produit d'un bassin circulant le dimanche pendant les offices constitua son seul revenu, jusqu'au moment où la *Confrérie du Rosaire*, en s'établissant dans la paroisse (1648), y fixa son siège et se chargea de son entretien.

Vers la même époque, la seconde partie de la chapelle fut consacrée au culte des morts et dédiée à *Notre-Dame du Suffrage* (2). On plaça un autel contre le mur, en face.

(1) *Capella Beatæ Mariæ quæ est ex parte Evangelii.* — Visit. past. Proc.-verb.

(2) Mᵉ Jacques Pastre, archiprêtre du Pouget, décédé le 25 mars 1664, à l'âge de 80 ans, demanda à être enseveli « tout contre le pilier qui sépare la chapelle de Notre-Dame du Rosaire d'avec celle de Notre-Dame du Suffrage. » Il fonda dans la chapelle du Suffrage la célébration à perpétuité de trois messes basses par mois : une, le premier lundi, pour le repos de son âme et de celles des trépassés de sa maison ; une autre, le second jeudi, en l'honneur de l'admirable Sacrement de l'Autel et du Saint-Esprit ; et l'autre, le troisième samedi, en l'honneur et invocation de la glorieuse Vierge Marie. Il affecta à cette fondation une rente annuelle de neuf livres fixée sur une olivette située à la Malautié. (Minutes de J. Pastre, notaire.)

et, dès ce moment, les services pour les défunts y furent célébrés. Tous les dimanches passait dans les rangs des fidèles « le bassin pour les âmes du Purgatoire (1). »

III. — MODIFICATIONS DIVERSES

Pendant qu'on bâtissait des chapelles et, par suite, qu'on agrandissait l'église, on s'occupait aussi à en éclairer l'intérieur.

La petite fenêtre placée au-dessus du portail avait été fermée et un oculus avait été ouvert plus haut.

Une grande baie ogivale, fortement évasée, fut ouverte ensuite au milieu de la seconde travée, à gauche, en face le mur qui supporte le clocher. Une autre baie à ogives trilobées, dont le tympan est percé de gracieux à-jours, était ouverte dans le chœur, sur le côté de l'épître.

Cette manière de modifier l'édifice, selon les besoins ou la commodité des fidèles, conduisit à des actes de vandalisme. Sous prétexte de faire une place pour la chaire ou pour mettre des bancs, on coupa les grands piliers, qui soutiennent les arcs de la voûte, à la hauteur d'environ deux mètres, laissant ainsi le fût, amputé de sa base, suspendu dans l'espace (2). On brisa aussi toute la corniche qui contournait l'abside à la naissance de la voûte quand on ouvrit la grande baie du chœur.

Ces mutilations, qui offensent la vue autant que l'art, sont irréparables pour la plus grande partie ; le reste ne pourrait être restauré qu'en prenant sur la superficie de l'église, déjà insuffisante pour la population.

(1) Visit. past. Audit. des hab.

(2) Le 8 septembre 1624, le trésorier de la Fabrique, Jean Dijouls, vendit les pierres provenant des ruines et réparations faites en l'église, la même année, la somme de quarante livres.

Consécration. — Une question se pose maintenant : l'église a-t-elle été consacrée ?

Jusqu'en 1837 on voyait des croix (peintes en rouge) sur chaque pilier à l'intérieur, comme cela existe dans les églises consacrées. Pourquoi a-t-on enseveli ces croix sous d'épaisses couches de badigeon ? Serait-ce parce qu'aucun document, arrivé jusqu'à nous, ne fait mention de l'époque où cette consécration aurait eu lieu ? Mais combien d'églises, parmi celles qui passent pour être réellement consacrées, seraient en mesure de montrer un pareil document ?

Montblanc se trouvant à peu de distance de Béziers et constituant un bourg d'une certaine importance au moyen-âge, il est permis de penser que l'évêque ait voulu honorer le pays en consacrant son église.

Dans tous les cas, l'existence des croix peintes sur les piliers jusqu'en 1837 constitue une forte présomption en faveur de la consécration.

IV. — CHAIRE ET AUTEL MAJEUR

La Chaire à prêcher et l'autel majeur qui existent actuellement ont été placés dans la première moitié du dix-huitième siècle.

La Chaire, en bois sculpté, est dans le genre de l'époque. La tribune est de forme hexagonale ; les panneaux, en marbre de couleur foncée, se trouvent enchâssés dans des frises artistement travaillées ; la partie inférieure, ornée de guirlandes de fleurs et de têtes d'anges, se termine par un gros bouquet d'acanthe renversé.

L'abat-voix, selon la coutume catholique, porte au milieu du ciel la colombe, emblème de l'Esprit-Saint, et est surmonté d'un ange sonnant de la trompette du jugement.

Le Maître-Autel, de grandes proportions, est dans le style de la Renaissance. Formé de marbre de diverses couleurs et flanqué de deux anges adorateurs, au corps potelé et fosseté, comme en a produit beaucoup l'école de Florence, il fait bel effet.

Le tombeau, en marbre granité jaune, présente à la face un grand écusson en marbre blanc et vert, largement ciselé ; le tabernacle, en marbre de Carrare, adorné de guirlandes de fleurs et de feuilles d'acanthe, est relevé par deux têtes d'anges d'un travail aussi fin que gracieux.

Une gloire, de même marbre, faite de nuages au milieu desquels voltigent de petits anges, s'élève en arrière du tabernacle et forme le couronnement de cet autel, dont on n'a pas su respecter la physionomie.

V. — SACRISTIE

Jusqu'à la fin du dix-septième siècle, il n'y avait pas de sacristie : les ornements et les vases sacrés étaient enfermés dans des armoires placées derrière le maître-autel. Afin de cacher ces meubles, on avait donné à l'autel une longueur de près de deux mètres (1).

Un appartement devint nécessaire pour réunir les meubles et placer les objets dont l'église s'enrichissait tous les jours. En 1693, la Fabrique prit sur le terrain du petit cimetière, à côté du mur du château-vieux, une superficie d'environ trente-cinq mètres carrés et fit construire la sacristie.

Cette construction n'offrit pas beaucoup de solidité. En 1744, on fut obligé de la démolir et de la remonter ; on fit alors des murs de plus d'un mètre d'épaisseur avec une voûte massive en moellons de même force.

(1) Visit. past. Proc.-verb.

La porte en bois épais fut munie d'une grosse serrure, afin de résister aux tentatives d'effraction dont elle pourrait être l'objet dans la suite. Cette précaution ne fut pas inutile ; on voit encore les traces de nombreuses pesées pratiquées, sans succès, par les malfaiteurs qui, à deux reprises (1880-1892), ont dévalisé l'église.

CHAPITRE TROISIÈME

CIMETIÈRE

Le cimetière était contigu à l'église. Il occupait la petite place au-devant du portail, longeait le côté sud, contournait l'abside et arrivait jusqu'au mur du château-vieux.

Deux croix étaient plantées, l'une « au-devant de la grande porte de l'église, vers l'occident », et l'autre « vis-à-vis la place publique (1). »

Il était clôturé de murs ; comme il fallait le traverser pour aller dans l'église, on négligeait d'en fermer l'entrée, en sorte que les animaux pouvaient y circuler librement et qu'il était bien souvent profané par des actes peu en rapport avec la sainteté du lieu. L'Evêque, à la visite pastorale, en 1605, ordonna que le terrain bénit fût respecté et que le libre accès en fût défendu aux animaux par un fossé ou une porte à claire-voie (2).

Après la construction du clocher et des chapelles latérales, sa superficie se trouva considérablement diminuée ; il ne formait plus qu'une bande de terre resserrée contre la

(1) Registre des morts : 16 mars et 15 mai 1622.
(2) Visit. past. Proc.-verb.

rue, au-devant de la maison curiale. Vers la fin du seizième siècle, un nouveau cimetière fut établi à l'ouest, en dehors des murs et à peu de distance du village (1).

Les fidèles eurent dès lors le choix entre ce cimetière et l'ancien ; pendant longtemps un grand nombre tinrent à reposer à l'endroit même où étaient les cendres de leurs ancêtres.

Les murs du vieux cimetière furent relevés en 1663, sur une longueur de plus de deux cents mètres. On établit des sièges contre la partie confinant à la place publique.

Au milieu du dix-huitième siècle, on n'y enterrait que rarement (2) ; l'administration communale, voulant élargir la rue qui met en communication les deux principales parties du village, en provoqua la désaffectation ; une ordonnance de l'Evêque de Bausset de Roquefort le supprima en 1748.

Les familles considérables du pays se faisaient ensevelir dans l'église. Trois caveaux en pierre existaient : l'un dans le chœur, « au pied des marches de l'autel-mage et du côté de l'évangile », c'était « le presbytère » ou tombeau des prêtres ; l'autre, dans la chapelle des onze mille vierges, réservé à la famille Cotte, et le troisième, dans la chapelle de Notre-Dame.

Chaque famille notable avait un lieu spécial pour la sépulture de ses membres. Ce n'étaient pas des caveaux en maçonnerie, mais un espace marqué par une pierre portant le nom de la famille, dans lequel la fosse était recreusée à chaque nouvelle inhumation. Les Pastre se faisaient ensevelir dans la chapelle de Saint-Martin ; les

(1) Le compoix de 1603, f° 190, indique le jardin de la claustre comme attenant « au cimetière des catholiques hors des murs. » — V. aussi Regist. des morts.

(2) Jacques Dijoux, mort le 25 février 1745, fut le dernier enseveli au petit cimetière.

Nauthon, « près de l'entrée de la grande porte vers l'occident »; les Ville, « près du bénitier de la petite porte » ; les Caussat, « près de l'escalier de la tribune » ; les Amiel, « au-dessous de la chaire du prédicateur » ; les Nouguier, « près des fonts baptismaux, à main gauche, en entrant » ; les Dijoux, « contre l'entrée du chœur, à main droite et en dehors »; les Pailhès, « dans la chapelle de Notre-Dame (1). »

Sur tous les points de l'église, sauf aux endroits occupés par les bancs, se trouvaient des tombeaux.

Le 26 décembre 1637, fut « ensevelie sous la grande vitre, qui est du côté du vent de grec, Catherine Sebin, décédée à l'âge de cent trois ans. »

Les familles notables converties à la suite de la révocation de l'édit de Nantes se firent ensevelir dans le « caveau de la chapelle du Rosaire. »

L'église récompensait aussi ses bienfaiteurs et ses serviteurs dévoués en leur accordant, après leur mort, une place à l'ombre de ses voûtes (2).

La pieuse coutume de se faire ensevelir dans l'église fut conservée jusqu'à la Révolution. On compta plus de cent cinquante sépultures ainsi faites dans le courant du dix-septième siècle ; au siècle suivant, le chiffre diminua de moitié. Cette diminution tenait à la disparition de plusieurs familles notables.

(1) Nous mentionnons seulement les familles qui existent encore.

(2) Le 26 avril 1680, Jacques Malafosse « fut enseveli dans l'église pour les bons et agréables services rendus comme sousouvrier (sacristain) durant plusieurs années. »

CHAPITRE QUATRIÈME

ANCIENNES ÉGLISES RURALES

Il existait, près de Montblanc, deux églises rurales disparues depuis longtemps et dont il ne restait plus trace : Saint-Martin de Fenouillet et Saint-Pierre d'Erignan.

I. — SAINT-MARTIN DE FENOUILLET

L'église Saint-Martin de Fenouillet était située à environ quinze cents mètres au sud du village, non loin de l'ancien chemin de Saint-Thibéry. Sa place peut être déterminée par le sommet nord d'un triangle équilatéral, dont les deux autres sommets sont, d'une part, la croix plantée au bord du chemin (1) et, de l'autre, la petite habitation appelée grangeot de Saint-Martin. Des défoncements, pratiqués, il y a quelques années, pour planter une vigne, ont mis à jour les substructions de l'ancienne église. A côté, de nombreux ossements humains indiquaient le lieu où était le cimetière (2).

(1) Cette croix porte l'inscription suivante : *Respice, fle et ora.* — « Regarde, pleure et prie. » — Mai 1814.

(2) Cette vigne appartient maintenant à M. Georges Chicouras.

Saint-Martin de Fenouillet dépendait de l'abbaye de Saint-Thibéry ; il en est fait mention deux fois dans des chartes relatives à cette abbaye (1116-1216) (1). Le 4 juillet 1490, l'abbé Antoine de Clermont investit du prieuré de Saint-Martin noble Jean de Roquefeuille, moine de ce monastère, et le fit installer solennellement par son vicaire (2).

L'église Saint-Martin possédait au tènement de Fenouillet un fief s'étendant vers Montblanc et dans la direction de la Tongue, dont les reconnaissances furent faites en 1490 devant le notaire Antoine Massonys ; elle possédait en outre un pré et champ d'une contenance de vingt-deux sétérées (3).

Cette église fut complètement ruinée par les Calvinistes en 1562 ; on fonda alors sous ce vocable une chapelle dans l'église paroissiale de Montblanc.

Deux pierres sculptées retrouvées parmi les ruines ont été conservées : l'une, représentant un buste d'évêque (S. Martin), placée sans doute sur la façade de l'ancienne église, a été encastrée au-dessus de la fenêtre ogivale de la chapelle qui fut dédiée à ce saint ; l'autre, représentant, au milieu d'une couronne de feuillage, une main avec les doigts inférieurs pliés (main bénissante) et qui était la clef de voûte du chœur de l'ancienne église, se trouve maintenant bâtie en saillie avec deux débris de chimères dans la façade d'une maison située au bas du village.

Cette main bénissante était un emblème particulier à l'Ordre bénédictin. On la voit sur la clef de voûte de l'ancienne chapelle souterraine de Saint-Thibéry, aujourd'hui fixée au-dessus de la porte du nouveau presbytère. On la

(1) *Ecclesia Sancti Martini de Fenoleto.* (*Gallia Christiana*, T. VI, Instrumenta, c. 316 et c. 333.)

(2) Minutes du notaire Guiraud, de Béziers.

(3) Vieux compoix, f° 177.

voit aussi sur la clef de voûte d'une chapelle de l'ancienne abbaye de Saint-Michel de Cuxa (diocèse de Perpignan).

On la trouve pour la première fois dans le sceau de Clarin, évêque de Carcassonne, dont parle Théodulphe d'Orléans dans un poème qu'il adressa à saint Benoît d'Aniane, son ami. L'Histoire générale de Languedoc l'a reproduite dans la première planche, placée à la suite du tome Ier, sous le nº 8 : S. CLARINI EPI. CARCAS.

II. — SAINT-PIERRE D'ÉRIGNAN

L'église Saint-Pierre se trouvait « près du chemin croisant allant de Montblanc à Pézénas, et de Nézignan-l'Evêque à Béziers, au terroir de Saint-Peyre de Erigna (1). » Le cimetière était contigu ; la superficie totale « avait un diamètre d'environ vingt pas. »

Saint-Pierre d'Erignan était un ancien prieuré. Dans une charte contenant l'inventaire des biens appartenant à l'église-cathédrale de Béziers, dressé à l'avènement de l'évêque Matfred, à la fin du dixième siècle, se trouve mentionnée « dans le domaine d'Erignan, l'église de Saint-Pierre avec des terres et des vignes dans les garrigues (2). »

Au rôle des décimes de l'année 1322, le prieur d'Erignan est taxé pour une somme de trois livres (3).

Ce prieuré fut dans la suite uni à la cathédrale Saint-Nazaire.

L'église de Saint-Pierre ayant été ruinée par les Calvinistes, comme l'église de Saint-Martin, après le départ du

(1) Registre des sépultures : 12 février 1632.

(2) « *In villa Eriniano, ecclesia Sancti Petri cum terras et vineas ad asperas.* » (Livre noir, fº 252.)

(3) *Bull. Soc. Arch. de Béziers*, 2e série. T. II, p. 127.

prieur, le Chapitre perçut deux tiers de la dîme et l'Evêque l'autre tiers.

Au commencement du dix-septième siècle il ne restait aucun vestige de cette église. Un paysan s'était emparé du terrain bénit, le cultivait et en prenait le revenu. Le 8 mars 1605, l'évêque Jean de Bonzy, faisant la visite pastorale à Montblanc, délégua l'archidiacre Juvenis pour visiter la dîmerie de Saint-Pierre. Celui-ci, guidé par le curé de Valros, se rendit à un endroit désigné comme le lieu où étaient autrefois l'église et le cimetière de Saint-Pierre, et n'y trouva que deux pierres, dont l'une semblait une pierre tombale ; il se prosterna et récita une prière pour les morts qui reposaient là.

L'Evêque ordonna qu'une croix fût érigée au lieu où était autrefois l'église, en attendant qu'on pût y bâtir un oratoire ou une chapelle, et que cette croix fût érigée dans l'espace de deux mois, aux frais du Chapitre et de la mense épiscopale. Il fit défendre à l'usurpateur du terrain bénit de continuer à le cultiver et le menaça des peines du droit s'il n'en abandonnait la possession. Il avertit les prêtres de la paroisse qu'à l'avenir ils devraient faire une procession à cette croix, le jour de la fête de saint Pierre, en chantant les litanies et autres prières (1).

L'oratoire n'a jamais été élevé à cet endroit, mais la croix fut érigée. Le 12 février 1632, Cloriande Caumille, veuve Nauthon, décédée dans la métairie de Saint-Pierre, fut enterrée au pied de cette croix, du côté qui regarde le Midi (2).

La métairie de Saint-Pierre étant passée aux mains des familles protestantes Richard et de Serre, vers le milieu du dix-septième siècle, la croix fut enlevée. Le souvenir en

(1) Visite pastorale de 1605 : *Ecclesia Sancti Petri*. — Voir l'Appendice. Proc.-verb. n° 2.

(2) Registre des sépultures.

était complètement perdu ; la reproduction du procès-verbal de la visite pastorale de 1605 a amené l'attention sur ce point (1).

En creusant le sol pour planter des arbres, on a découvert, il y a environ vingt ans, à cinquante mètres en avant de la grille du parc de Saint-Pierre, une grande vasque, servant de cuve baptismale, comme on en voyait dans les grandes églises ; on a découvert en outre un sarcophage renfermant un squelette, sept têtes rangées à côté, de nombreux ossements humains, ainsi que des travaux en brique, restes de tombeaux disparus.

On se trouvait sur l'emplacement de l'ancienne église et de l'ancien cimetière de Saint-Pierre.

(1) La famille de Grasset, propriétaire depuis un siècle du domaine de Saint-Pierre, ignorait ces faits quand elle a placé non loin de là, au pied du tertre, la croix qui est maintenant ombragée par une touffe de pins, et quand elle a bâti (1821) la chapelle en l'honneur de Saint-Pierre, dans le parc du château.

Histoire de Montblanc.

VUE DE MONTBLANC, prise des bords de la Tongue.

CHAPITRE PREMIER

PÉRIODE ANCIENNE

I. — Montblanc n'est pas un de ces pays qui aient joué un rôle important dans les événements dont nos contrées ont été le théâtre aux temps anciens ; son nom n'apparaît dans nos annales que vers la fin du douzième siècle.

Il n'est pas douteux cependant que son origine ne remonte à une époque plus reculée. La vallée de la Tongue, qui se termine à l'antique Κεσσερω (1), a été cultivée dès les âges les plus éloignés ; une agglomération d'habitants dut se former à l'endroit où se trouve notre village, pour exploiter une partie de ce sol fertile.

L'obscurité plane sur cette longue période ; à peine reste-t-il un vestige de la domination romaine. La *voie domitienne* traversait le territoire de Montblanc, au sud, à environ quinze cents mètres de la localité ; elle existe encore à l'état de chemin rural et est appelée *Cami das Roumious*.

(1) Ptol., *Géogr.*, II. — *Cessero*, aujourd'hui Saint-Thibéry, était une des villes considérables des Volces Tectosages. (Pline, *Hist. nat.*, III, IV.) Plusieurs historiens en font la capitale d'un royaume où régnaient Momorus et Atépomorus, vers l'an 350 de Rome.

En 1867, on a découvert à côté d'un petit pont, placé sur une des ramifications qui forment le rec de Laval, une borne milliaire, mesurant 1 m. 75 de hauteur et portant cette inscription :

TIB. CÆSAR
DIVI. AVGVSTI. F
AVGVSTVS
PONTIFEX
MAXVMVS
TRIBVNICIA
POTESTATE
XXXIII
REFECIT

« Tibère César, Auguste, grand pontife, fils du divin Auguste, « a refait ce pont (ou cette voie) la trente-troisième année de sa « puissance tribunicienne » (environ l'an 37 de l'ère chrétienne).

La Société archéologique de Béziers en fit l'acquisition et l'a placée dans son musée lapidaire (1).

Toutefois, le nom de Montblanc, tel qu'on le trouve écrit pour la première fois (*mons blancus*), indiquerait une origine moins éloignée (2). Nous pensons que le village a changé de nom dans le cours du moyen-âge, et le nom nouveau fut improprement choisi.

Montblanc n'est pas placé sur une montagne : il est assis sur une des ondulations de la colline qui va expirer dans la Tongue et n'est situé qu'à environ cent cinquante mètres du lit (ancien) de la rivière. Et pourquoi montagne blanche? Son sol n'a nullement l'aspect des terrains grisâtres qu'on rencontre ailleurs.

Nous ne chercherons pas les raisons qui ont fait donner au village le nom de Montblanc ; il nous suffit de penser que ce n'est pas là le nom primitif.

(1) *Bull. Soc. arch.*, 2ᵉ série. T. V, p. 179.
(2) Le mot *blancus* n'appartient pas à la bonne latinité ; il n'a été employé que quand le mot *blanc* fut passé dans la langue romane.

II. — Dans la bulle du 27 avril 1153, par laquelle le pape Eugène III prenait sous la protection du Saint-Siège les biens de l'évêché de Béziers, l'église de Montblanc est appelée simplement l'église de la Tongue (*Ecclesia de Tonga*) (1). — Dans une charte de 1156, relative à un différend entre l'abbé de Villemagne et l'évêque de Béziers, elle est appelée Sainte-Eulalie de la Tongue (*Sancta Eulalia de Tonga*) (2).

On trouve le nom de Montblanc pour la première fois dans la bulle du pape Alexandre III, datée du 11 février 1179, confirmant à l'évêque Bernard IV Gaucelin les possessions de son évêché (*Ecclesia de Monte blanco*) (3).

Si on manque de document écrit sur la genèse et les premiers âges de Montblanc, il existe un document d'une autre nature qui nous transporte en pleine époque médiévale. L'église, bâtie au onzième siècle, nous fait connaître qu'à ce moment le pays avait une certaine importance ; les dimensions de l'édifice indiquent une population d'environ trois cents habitants.

Le village avait franchi la première enceinte et de nombreuses maisons s'étaient groupées autour des fortifications.

Les remparts couronnés de mâchicoulis crénelés reliaient l'abside de l'église au château fort et se continuaient autour du quadrilatère, flanqués aux deux angles opposés de tourelles surplombant le pied de la muraille et constituant un travail aussi remarquable par sa hardiesse qu'avantageux pour la défense.

Une de ces tourelles a défié bravement les siècles ; ce

(1) Il n'est pas douteux qu'il ne s'agisse là de l'église de Montblanc, puisque dans la bulle d'Honorius III, contenant la liste des églises appartenant à l'évêché de Béziers, elle se trouve placée, comme dans celle-ci, entre l'église de Murs et celle de Campagnan.

(2) Livre noir, n. 323.

(3) *Gal. Christ.* Tome VI. Intr., col. 140.

sera l'honneur de Montblanc de conserver intact ce monument des âges passés.

La grande enceinte renfermant tout le village dut s'élever vers le treizième siècle. Trois portes seulement donnaient accès à l'intérieur : la porte dite (plus tard) de Riquet, située à l'est ; la porte dite d'Emblanc, à l'ouest ; et la porte de la Coste, au nord-ouest. Ces portes ont été démolies dans le cours du siècle dernier.

I. — MAISON DE SERVIAN

Au douzième siècle, Montblanc appartenait à la maison seigneuriale de Servian, une des plus importantes de la contrée. La seigneurie en était cédée à des feudataires, ou seigneurs secondaires, placés sous l'autorité du seigneur principal. En 1197, Monaque Pons de Montblanc épousait Rixende de Servian, qui lui apportait en dot trois mille sous melgoriens (1).

Pendant les guerres occasionnées par les doctrines des Albigeois, le seigneur de Servian, Etienne, se déclara ouvertement pour les hérétiques ; il permit aux principaux chefs d'ouvrir des écoles et de faire des prédications dans ses châteaux (2). Excommunié pour crime d'hérésie en 1209, Etienne vit ses biens confisqués et donnés à Simon de Montfort. Au mois de février 1210, il abjura ses erreurs dans l'église des Bénédictins de Saint-Thibéry ; le mois suivant, Simon lui rendit le château de Servian et lui donna en fief les autres biens dont il avait été dépossédé, notamment « Montblanc avec toutes ses dépendances (3). »

(1) Livre noir, f° 182. — Le sou melgorien valait, à cette époque environ 97 centimes de notre monnaie.

(2) Acte d'abjuration d'Etienne.

(3) « Ego Simon comes Montisfortis, ad feudum concedo tibi Stephano Cerviano... Montemblancum cum omnibus suis pertinentiis. » — *Hist. générale de Languedoc.* T. III. Preuves, XCVI, p. 222.

Dans ces temps troublés, plusieurs seigneurs s'étaient attribué les revenus des églises : au commencement de l'année 1211, Simon de Montfort, voulant être agréable à l'évêque Réginal, obligea les seigneurs du diocèse de Béziers à restituer les dîmes inféodées. Rixende, veuve de Monaque, dut restituer celles de Montblanc (1).

Etienne de Servian étant retourné au parti albigeois, ses biens furent de nouveau confisqués. Durant les luttes qui suivirent, Servian secoua provisoirement le joug de Montfort (1220) ; mais, à la suite de la croisade dirigée par Louis VIII en personne, il se soumit au Roi et fut incorporé définitivement au domaine royal en 1230.

II. — SEIGNEURIE ROYALE

Par sa réunion à la couronne de France, Montblanc devint une seigneurie royale ; la justice y fut rendue au nom du Roi ; il ressortissait à la viguerie de Béziers, qui dépendait de la sénéchaussée de Carcassonne. Les habitants payèrent au Roi une taille ou queste annuelle de vingt livres à la fête de saint Michel (2).

Prieuré. — L'église de Montblanc, dédiée à sainte Eulalie (fête le 10 décembre), fit dès l'origine partie du diocèse de Béziers. Elle figure sous ce titre dans plusieurs bulles et chartes ; qu'il nous suffise d'ajouter à celles que nous avons déjà citées la bulle du pape Honorius III, datée du 22 novembre 1216, qui contient la liste des églises appartenant à l'évêché de Béziers : *Ecclesia de Monte blanco* (3).

L'entretien des prêtres nécessaires pour le service divin ainsi que les frais du culte étaient à la charge des fidèles.

(1) Molinier, *Catalogue*, n° 47. — *Gal. Chr.* T. VI, p. 328.
(2) Livre *de omnibus*. Vol. A, f° *ciiij*.
(3) Livre noir, f° 109.

On y pourvoyait avec le produit de la dîme perçue sur tous les fruits croissant dans l'étendue du prieuré.

La dîmerie de Sainte-Eulalie comprenait tout le terroir de Montblanc (sauf la partie formant la dîmerie de Saint-Pierre), une fraction du territoire de Valros et une fraction des terrains de Saint-Adrien, sauf quelques champs, sur lesquels le curé de Montblanc percevait toute la dîme.

Sur les territoires de Montblanc et de Saint-Adrien, l'église prenait la dixième partie des fruits ; sur le territoire de Valros, elle n'en prenait que la onzième partie (1).

Une transaction conclue le 6 mars 1249 entre le vicaire général Guillaume de Boussagues, au nom de l'évêque, et Pierre Fabre, curé de Montblanc, nous fait connaître comment était réparti à cette époque le produit de la dîme (2). Pour les grains, avant tout partage, l'évêque prélevait vingt-huit sétiers de blé et autant de mixture (moitié froment et moitié orge) ; l'Œuvre ou Fabrique de Montblanc prélevait ensuite la huitième partie ; sur ce qui restait après ce double prélèvement, le curé en prenait les trois quarts, et la Fabrique de la cathédrale Saint-Nazaire l'autre quart. La dîme du vin se partageait par égale part entre le curé et la Fabrique de Montblanc. La dîme des autres fruits, sauf celle du chanvre et du lin qui appartenait tout entière au curé, se divisait en deux parts : le curé en prenait d'abord une, et sur l'autre moitié il prélevait encore le tiers ; un autre tiers revenait à la Fabrique qui prenait aussi sa part sur la dîme du carnenc, de la laine et de l'huile ; ce qui restait appartenait à l'évêque.

Le prieuré de Montblanc possédait du côté opposé à l'église, en face du cimetière, une maison divisée en deux parties : l'une était destinée au logement des prêtres et

(1) Visit. past. Proc.-verb.
(2) Livre *de omnibus*. Vol. B, f° *lecii*.

l'autre servait de grenier et de cave pour mettre la part de la dîme qui lui revenait. Dans celle-ci fut aménagé plus tard un logement pour le fermier des dîmes appartenant au Chapitre de Saint-Nazaire.

Le prieuré possédait en outre un jardin de la contenance de trois émines (1) un tiers, à côté du terrain où fut plus tard établi le cimetière des catholiques « hors des murs. »

Au quatorzième siècle, l'église de Montblanc faisait partie de l'archidiaconat de Cabrières. Au rôle des décimes de 1322, le curé est taxé pour la somme de sept livres, la Fabrique pour deux livres (2).

Après que l'archidiaconat de Cabrières eut été aboli (1414), le diocèse fut partagé en archiprêtrés ; Montblanc dépendit de celui de Cazouls (3).

III. — COMTÉ DE PÉZÉNAS

I. — En 1361, le roi Jean le Bon érigea la châtellenie de Pézénas en comté, en faveur de Charles d'Artois ; Montblanc fut une des quinze localités qui en firent partie ; il ne cessa d'y appartenir jusqu'à la Révolution.

A ce titre, le pays prit part à une transaction passée le 13 janvier 1366 entre les villes du Comté et Charles d'Artois, à raison de certains privilèges que celui-ci leur accordait.

A cause de sa fidélité au Roi, Montblanc fut une des cinq villes du Comté exemptées, en mai 1385, du subside imposé à la sénéchaussée à la suite de la révolte des paysans contre les officiers royaux chargés de lever les impôts.

En 1398, la communauté versa pour la dernière fois le subside appelé fouage, que fournissaient depuis longtemps

(1) L'émine valait une demi-sétérée.
(2) *Bull. Soc. arch. Béziers*, 2ᵉ série. Tome IV, p. 127.
(3) Etat officiel des églises paroissiales du diocèse en 1780.

les villes du Comté pour la rançon du roi Jean le Bon, fixé primitivement à une livre par feu et plus tard réduit de moitié. La quittance délivrée à cette occasion nous apprend que Montblanc comptait à ce moment 79 feux (environ 400 habitants).

Pendant la seconde moitié du quatorzième siècle, le pays souffrit beaucoup des déprédations des routiers qui ne cessèrent de ravager la contrée ; en 1605, le souvenir en était encore vivant et les notables rappelaient à l'évêque que l'église avait été pillée à cette époque par les rustres (1).

Les rois de France donnèrent le titre et les revenus du comté de Pézénas et des localités qui en dépendaient à certains membres de la famille royale ou à d'autres personnages dont ils voulaient récompenser les services ; mais ils en retinrent toujours la propriété. Ainsi en fut-il pour Montblanc ; on ne saurait citer les noms de tous ceux qui obtinrent la seigneurie en engagement.

II. — ***Le Chapitre de Saint-Nazaire, prieur.*** — Le prieuré de l'église Sainte-Eulalie fut uni à la mense du Chapitre cathédral de Saint-Nazaire par autorité apostolique. Par suite de cette union, le Chapitre devint curé primitif de la paroisse ; il déléguait la charge des âmes à un curé, nommé vicaire perpétuel.

L'évêque Jean Bureau « donna son assentiment à cette union (2) » et profita de la circonstance pour terminer le différend qui existait entre l'Evêque et le Chapitre relativement à la collation du prieuré dont l'évêque Guillaume de Montjoie avait saisi le Parlement, et pour régler la situation matérielle du vicaire perpétuel.

Par acte passé devant Me Georges Charnini, notaire à

(1) Visit. past. Audit. des hab.

(2) « In favorem cathedralis assensum dedit unioni prioratuum..... de Monte albo. » — *Gal. Chr.* T. VI, p. 363.

Béziers, en 1475, il fut convenu : d'abord, que l'évêque seul aurait le droit de nommer le titulaire de l'église paroissiale ; ensuite, qu'immédiatement après la mort de Umbert de Laize, abbé de Saint-Aphrodise, depuis longtemps prieur de Montblanc, le Chapitre mettrait à la disposition du nouveau vicaire perpétuel, dans la maison du prieuré, un appartement suffisant et en bon état avec un lit garni de matelas et oreillers, ainsi que divers autres objets; qu'il lui fournirait ce qui serait nécessaire pour la nourriture et lui donnerait la somme de dix-huit écus or du royaume de France ; qu'en outre le Chapitre entretiendrait à Montblanc un secondaire (vicaire), un clerc et autres serviteurs nécessaires pour le service divin, leur fournirait la nourriture et un salaire convenable et qu'enfin il payerait les décimes, tant ordinaires qu'extraordinaires, ainsi que les autres charges inhérentes au prieuré (1).

L'évêque Bureau affecta les revenus du prieuré à la fondation du chant de l'*Inviolata* avec le *De profundis* par le Chapitre, tous les samedis ainsi que la veille et le jour des fêtes de la sainte Vierge, dans la chapelle de Notre-Dame la Belle, où l'évêque Pierre Bureau, son oncle, avait été enterré (2).

A la suite de la convention avec le Chapitre, le service religieux fut réorganisé. Le vicaire perpétuel nommé à la mort de l'abbé de Laize (1478) fit sa résidence à Montblanc ; un secondaire, un diacre, un clerc furent attachés au service de l'église et logés dans la maison claustrale, qui n'était autre que le presbytère actuel (3). Tous les jours,

(1) Transaction entre le seigneur Evêque de Béziers et le Chapitre relativement à l'union des prieurés de S.-Pierre de Launas, Caux, Montblanc et Posigolis. — Livre *de omnibus*. Vol. D, f° 39.

(2) Visit. past. de Clément de Bousy en 1633. — *Bul. Soc. arch. Béz.*, 3e série. Tome V, p. 37.

(3) « Domum claustralem Ecclesiæ castro oppidi vicinam. » — Visit. past. Pr.-verb.

« selon l'antique coutume », on chantait l'office canonial et la messe. « Il s'y faisait autant de service qu'à l'église cathédrale de Béziers (1). »

Le Chapitre, comme curé primitif, perçut la dîme sur l'étendue du prieuré ; de nouvelles conventions modifièrent l'ancien mode de partage : la Fabrique de Montblanc et l'évêque eurent chacun une part plus importante.

Pour les grains, l'évêque préleva sur la totalité neuf sétiers froment et neuf sétiers orge, mesure de Béziers ; le reste fut ainsi réparti : le Chapitre de Saint-Nazaire, six parts ; la Fabrique, deux ; l'évêque, une. Pour la dîme du vin, du carnenc et du foin, le Chapitre prenait deux tiers ; l'évêque, un.

A la fin du seizième siècle, le Chapitre donnait au vicaire perpétuel, pour sa nourriture et son salaire ainsi que pour ceux des trois autres ecclésiastiques, trente-deux sétiers froment ou seigle, quatre muids (2) vin, deux mesures huile et deux cents livres argent (3). Le vicaire perpétuel avait en outre la jouissance du jardin du prieuré, appelé plus tard « l'hort de la claustre. »

III. — ***Œuvre*** ou ***Fabrique***. — Le temporel de l'église était administré par l'Œuvre ou Fabrique, composée du vicaire perpétuel, d'un marguillier faisant les fonctions de trésorier, appelé *ouvrier*, des consuls et de trois membres. Quand il s'agissait d'une affaire importante, le conseil général des habitants était consulté. D'après une ancienne coutume, le premier consul sortant de charge était de droit ouvrier.

Les revenus de la Fabrique consistaient dans la part que lui donnait la perception de la dîme (le sixième de tous les

(1) Visit. past. Pr.-verb. et Audit. des habit.
(2) Le muid contenait 692 litres 41 centilitres.
(3) Visit. past. Pr.-verb.

grains). Il ne serait pas facile de dire à quel chiffre montait ce revenu à la fin du quinzième siècle ; mais nous savons qu'un siècle plus tard (1605) il était estimé quatre-vingts à cent écus (1). Tous les ans, la levée de la dîme était mise en *arrentement* (adjudication au plus offrant).

La Fabrique avait à sa charge le paiement des décimes, l'entretien de l'église, l'achat des vases sacrés et des ornements nécessaires à la célébration des offices, ainsi que les frais du culte (2). L'entretien du presbytère était à la charge du prieur, c'est-à-dire du chapitre cathédral (3).

Les revenus de l'Œuvre avaient permis dès le quinzième siècle de doter l'église de vases sacrés en argent : calices, ciboires ; les ornements, selon les couleurs liturgiques, étaient au complet ; il y avait aussi des croix et reliquaires précieux ; la tour abritait plusieurs cloches.

Trois lampes brûlaient devant le Saint Sacrement : une aux frais de la Fabrique ; une autre était entretenue par la confrérie de Sainte-Eulalie, et la troisième était alimentée par la piété privée. Le dimanche, un bassin circulait pendant les offices : le produit servait à offrir le pain bénit (4).

IV. — ***Confréries.*** — Dans ces âges de foi, la charité n'était pas un vain mot ; elle se traduisait par des œuvres tendant au rapprochement des fidèles entre eux et au soulagement des infortunes.

Une des formes de cette charité fut l'institution des confréries, pieuses associations ayant à la fois un but religieux et un caractère de mutualité.

La première confrérie établie dans la paroisse fut la

(1) Visit. past. Pr.-verb. et Audit. des hab.
(2) *Id.*
(3) *Id.*
(4) *Id.*

Confrérie de Sainte-Eulalie (coufrarié de saincte Aularie). On ne saurait préciser l'époque de son institution, mais elle remontait à une haute antiquité.

Cette confrérie avait des statuts qui furent vérifiés par l'évêque, en 1605 ; ils ne sont pas arrivés jusqu'à nous.

Elle possédait une maison à la place vieille, un champ et une vigne à l'Espinas de contenance d'une sétérée et demie environ (1). Ses revenus, estimés quinze livres, étaient employés à l'entretien de la lampe dont nous avons parlé et à secourir les membres nécessiteux.

Dans le cours des âges, les confrères, voulant resserrer les liens de fraternité, avaient institué pour le jour de la fête patronale un repas en commun, appelé *fructus*, sur les fonds de l'association. L'évêque le supprima en 1605 ; il interdit aussi d'autres banquets (*commessationes*) qu'on était dans l'usage de faire au mois de mai, à l'occasion des Rogations, et qu'on appelait pour cela la *lotanié* (litanies) et la *mayo* (mai) ; il ordonna qu'on employât en aumônes ou en œuvres pies les sommes qui y étaient consacrées (2).

La confrérie de Sainte-Eulalie comptait beaucoup d'adhérents ; les hommes étaient quatre fois plus nombreux que les femmes.

La Confrérie de Notre-Seigneur était aussi très ancienne. On ignore l'époque où elle fut établie, mais il est permis de supposer qu'elle existait déjà quand fut construite la chapelle qui portait son nom ; en effet, l'image de Notre-Seigneur est sculptée sur la clef de voûte.

Dès les premières années du dix-septième siècle, elle fut appelée la « Confrérie du *Corpus Domini* », ou la « Confrérie du Saint Sacrement et du Précieux Corps de Notre-Seigneur Jésus-Christ (3). »

(1) Vieux compoix, f° 371.
(2) Visit. past. Proc.-verb. et Audit. des hab.
(3) Registre des morts de la par., *passim*.

Cette confrérie avait des statuts qui furent vérifiés et approuvés par l'évêque à la Visite pastorale, en 1605, mais qui ne sont pas arrivés jusqu'à nous. Nous savons cependant, d'après les règlements postérieurs, que son but était de promouvoir le culte du Sacrement de l'Autel. Le second dimanche du mois, il y avait exposition du Saint Sacrement; les confrères devaient assister à la grand'messe avec un cierge qu'on allumait au moment de l'élévation, aux Vêpres, ils devaient suivre la procession avec ce même cierge.

La confrérie possédait à Prunelle un champ d'une sétérée et demie, qui fut donné en 1692 à rente constituée (perpétuelle) moyennant quarante sous, payables à la Fête-Dieu. Elle reçut dans la suite d'autres libéralités consistant en rentes assurées sur divers immeubles, s'élevant à environ vingt livres (1). Elle participa aussi quelquefois au produit des amendes infligées par le tribunal de police de l'endroit (2). Ses revenus servaient à acheter la cire nécessaire pour les processions et à secourir les confrères qui se trouvaient dans le besoin, mais ceux-ci étaient particulièrement secourus avec le produit de quêtes qu'on faisait auprès des confrères aisés.

V. — ***Etablissements de bienfaisance.*** — L'esprit de fraternité se traduisait aussi par des œuvres ayant un caractère de bienfaisance plus général.

La Caritat datait d'une époque très éloignée. Elle possédait à Prunelle une vigne de trois sétérées et demie (3), qui était arrentée (affermée) au commencement du dix-septième siècle, « moyennant la quantité de quatre pa-

(1) Registre du trésorier de la Fabrique, 1804.

(2) Le 9 juillet 1724, huit bergers furent condamnés à 5 livres d'amende chacun ; la confrérie reçut 20 livres.

(3) Vieux compoix, f° 372.

gelles (1) vin pur rouge, livrables le jour où se faisait la charité commune. » — Cette vigne fut vendue en 1643 et le prix partagé entre le premier consul pour le service de l'hôpital et la supérieure de la confrérie de Sainte-Eulalie pour l'assistance des pauvres à domicile.

A côté de la Caritat se trouvait *l'Espital.* Les deux œuvres d'abord indépendantes, ayant chacune son compoix, se confondirent après la vente de la vigne de la Caritat. Les caritadiès, chargés de l'administration des biens des pauvres et de la distribution des aumônes, géraient les deux établissements.

L'Espital remontait aussi à une époque fort ancienne. Il est probable qu'il dut son origine aux libéralités de quelque seigneur, peut-être même du Roi, qui constitua en faveur des pauvres le fief (2) dont nous parlerons plus loin. Mais à quel moment fut constitué ce fief et sur quelles terres s'étendait-il ? Il n'est pas possible de le dire, le livre des reconnaissances féodales ayant été brûlé en 1794.

Les usages et droits de lods du fief de l'hôpital consistant en froment, blé et avoine, étaient perçus par les caritadiès qui en distribuaient la moitié le jour où se faisait la charité commune et l'autre moitié dans le courant de l'année.

La charité commune se faisait pour la fête de l'Ascension. Ce jour-là, chaque famille pauvre recevait, selon le nombre de ses membres, la part qui lui revenait dans le partage des revenus des biens de la Charité et de l'Hôpital et du produit d'une quête qui était faite dans la localité à cette occasion.

L'Hôpital posséda dans la suite une maison située « al pourtal de la Coste (3) » qui servait de refuge « aux pauvres passants », ainsi que plusieurs terres disséminées sur divers

(1) La pagelle contenait 54 litres 99 centilitres.
(2) C'était une directe.
(3) Elle appartient maintenant au Bureau de bienfaisance.

points du territoire d'une contenance d'environ sept sétérées (1). En 1612, la Maison-Dieu acheta un champ situé « al gravassès. »

L'Hôpital était administré par le procureur des pauvres, deux caritadiès, les consuls et le curé. En 1605, ses revenus étaient estimés sept ou huit livres (2).

(1) Vieux compoix, f° 470.
(2) Visit. past. Audit. des hab.

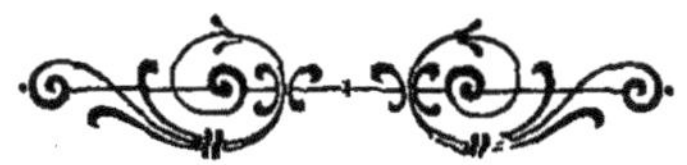

CHAPITRE DEUXIÈME

RENAISSANCE

I. — LE ROI DE NAVARRE, SEIGNEUR

I. — Vers la fin du quinzième siècle, la seigneurie de Montblanc était possédée par François Phébus, fils de Gaston de Foix et de Madeleine de France, devenu roi de Navarre à la mort de sa grand'mère, Eléonore (1479). Ce prince, décédé à l'âge de seize ans, fit son testament en faveur de sa sœur Catherine, le 29 janvier 1483 ; il se qualifie dans cet acte de « Roi de Navarre, duc de Nemours, Montblanc, Gandie, etc. (1). »

Catherine de Navarre se maria le 14 juin 1483 avec Jean d'Albret ; de ce mariage naquit Henri d'Albret, qui épousa, en 1526, Marguerite de Valois, sœur de François Ier, celle qu'on a appelée la Marguerite des Marguerites, quatrième Grâce, dixième Muse, qui donna le jour à Jeanne d'Albret, épouse d'Antoine de Bourbon, père de Henri IV.

II. — *Château.* — Le château de Montblanc, bâti en

(1) *Hist. génér. de Lang.* Tome V, livre XXXV, p. 45.

pleine féodalité, présentait une masse lourde avec quelques rares et étroites fenêtres ; il ne pouvait convenir à l'époque de la Renaissance, où tout tendait à la beauté de la forme. D'autre part, avec l'invention de l'artillerie, ce château n'était d'aucune utilité pour la défense du lieu.

On éleva dans le jardin, situé du côté opposé à l'église, un autre château ; on l'appuya à la maison claustrale par le moyen d'une voûte s'élevant au-dessus de la rue et laissant libre le passage qui conduisait à l'église.

Cette manière d'agrandir les maisons en bâtissant au-dessus des rues se généralisa dans le pays ; il semblait qu'en laissant libre la voie publique pour le service des habitants, on pouvait s'emparer de l'espace qui est au-dessus, méconnaissant ainsi le principe du droit romain : « *Cujus est solum ejus est usque ad cœlum.* »

Le château fut construit dans le style de l'époque. C'était un édifice à la physionomie gracieuse ; à l'intérieur, un grand vestibule entouré d'une galerie d'où l'on pénétrait par des portes à arc surbaissé dans de vastes appartements et un escalier à vis fort remarquable donnaient à cette habitation un caractère seigneurial.

Vendu au milieu du dix-huitième siècle, ce château fut morcelé et la façade détruite en partie ; on utilisa les montants et les linteaux de deux portes qui sont de vrais chefs-d'œuvre de sculpture. Le magnifique vestibule fut converti en grenier ; on y voit encore une fenêtre à demi murée dont l'appareil d'une grande originalité nous montre combien était capricieux et varié l'art qui s'était affranchi de la sévérité de la ligne pour rechercher la grâce des contours.

Ce château eut son jour de célébrité. Le 14 août 1533, le roi François Ier, de retour d'un pèlerinage à Saint-Sernin de Toulouse, où il était allé accomplir un vœu qu'il avait fait durant sa captivité à Madrid, s'y arrêta et dîna dans la salle basse avec la reine, ses enfants et le roi de Navarre, son beau-frère, qui l'accompagnait (1).

Il existe dans le village plusieurs restes de constructions datant de la même époque ; on voit, non loin du château, une large porte à arc surbaissé avec un minuscule écusson au milieu.

Cette porte donnait accès, par un passage couvert, au *plan Saint-Jean*. Une partie des maisons qui entouraient le plan, alors fermé, appartenaient aux Chevaliers de Saint-Jean de Jérusalem de la Commanderie de Grézan ; de là était venu à la place le nom de plan Saint-Jean et à la rue qui suivait, le nom de *rue du Commandeur*.

Vers la fin du seizième siècle, la plupart de ces maisons furent vendues et on ouvrit une brèche pour mettre en communication le plan Saint-Jean avec la rue du Four. En 1643, fut vendue la maison dans laquelle se trouve le passage couvert et qui confrontait la maison du prieuré.

III. — *Les Chevaliers de Saint-Jean de Jérusalem* (plus tard Chevaliers de Malte) avaient succédé dans leurs biens aux Templiers, lors de la suppression de l'Ordre. Les Templiers possédaient des biens à Montblanc dès le douzième siècle ; en 1189, le commandeur de Marseillan et de Montblanc acheta au recteur de la maladrerie (hôpital) de Pézénas, une terre située à Pléguebiaux (2).

La Commanderie de Grézan possédait en outre le moulin à blé, situé au bas du village, qui était alimenté par le chenal amenant les eaux des terres de la Bégude. La communauté lui payait, comme censives, douze livres, pour droit sur la mouture, à la fête de saint Nazaire (28 juillet) (3).

(1) Chronique des consuls Mercier et Régès, de Béziers. — *Bull. Soc. arch., Béz.* T. Ier, p. 25 et suiv.

(2) Delouvrier, *Hist. de Pézénas*, p. 128.

(3) En 1618, des réparations furent exécutées au moulin bladié.

La Commanderie vendit à H. Mazel, vers la fin du dix-huitième siècle, ce moulin avec le jardin attenant, ainsi ainsi qu'une étable située au plan Saint-Jean (1). Elle possèda jusqu'à la Révolution deux champs et quatre prés, situés à l'Isle, ou à Tieulet, d'une contenance d'environ huit sétérées (2). Le tout fut vendu comme bien national le 16 juillet 1796 à Fierrard de Montpellier ; celui-ci les revendit deux mois après à H. Mazel.

La famille d'Albret vendit le château avec les terres qui en dépendaient ; le 21 avril 1542, Françoise de Frontignan, dame de Montferrier, les revendit à Antoine de Malefosse, baron de la Caunette et Aigne en Minervois (3).

II. — COMMUNAUTÉ

I. — Pour la première fois, vers le milieu du seizième siècle (1550), il est fait mention, dans les documents arrivés jusqu'à nous, des consuls (4).

Montblanc, certes, n'était pas resté en arrière du mouvement qui alla toujours croissant depuis l'époque où les communes commencèrent à s'affranchir du pouvoir seigneurial. Uni à la couronne dès 1230, il avait participé au courant d'émancipation que les rois de France favorisaient de tout leur pouvoir afin de diminuer la puissance des seigneurs.

Montblanc avait donc ses franchises auxquelles il était

placé sur la rivière de Tongue. On refit notamment le pont qui était sur le béal et qui servait de passage aux habitants.

(1) Déclarés par Mazel, comme biens privilégiés, le 28 mars 1790.

(2) Compoix de 1758. T. Ier, f° 199.

(3) Albert Fabre.

(4) Vente de la taille de la somme de 20 livres à prendre sur les habitants de Montblanc, par le Roi au Chapitre de Saint-Nazaire (6 février 1550). — Livre *de omnibus*, vol. A, f° *c iiij*.

attaché, et nous le verrons dans la suite résister quand on voudra les amoindrir. On ne peut cependant en établir le cahier, les « archives furent enlevées en même temps que les cloches par ceux de la prétendue religion (1). »

Toutefois, en se reportant aux plus anciens registres, on arrive à connaître l'organisation communale telle qu'elle existait à la fin du seizième siècle.

La communauté se gouvernait elle-même par l'organe du *Conseil général des habitants*. Ce conseil était composé de tous les chefs de famille, « ung chascung chef de maison », âgés de vingt-cinq ans et ayant un compoix.

Le Conseil général nommait tous les ans deux consuls qui, avec le concours du Conseil extrait, administraient la communauté.

L'élection des consuls avait lieu le jour de S. Marc (25 avril); elle était environnée d'une certaine solennité. Le sergent ou précon consulaire annonçait l'assemblée dans tous les coins et carrefours de la ville. Le seigneur, assisté du bailli, présidait la séance, mais ne prenait jamais part au vote.

L'élection avait lieu au scrutin public et à la majorité relative. Chaque électeur « suivant son rang et ordre » émettait son vote qui était immédiatement écrit sur le registre. Les consuls sortant de charge votaient les premiers, venaient ensuite les membres du Conseil extrait et enfin les autres électeurs par rang d'âge.

Les consuls devaient être idoines, ou capables de remplir la charge; en outre, ils devaient être « de la qualité requise », c'est-à-dire appartenir à la classe des bourgeois ou notables, n'exercer aucune charge incompatible avec leurs fonctions, ni être proches parents entre eux.

Le seigneur proclamait les noms des élus. Ceux-ci décla-

(1) Visite past. Audit. des hab.

raient alors accepter la charge et prêtaient immédiatement serment. « Ayant mis la main sur les saints évangiles, ils promettaient d'exercer leurs fonctions selon Dieu et leur conscience, de défendre les droits de la veuve et de l'orphelin et de procurer le bien de la communauté. » Alors on leur remettait les clefs des portes de la ville, celles de la maison consulaire et des archives de la communauté.

Dans la même séance, le Conseil général procédait à l'élection du *clavaire*, auquel était confiée la garde des deniers de la communauté et de trois *Auditeurs de comptes*, chargés de vérifier la gestion des consuls sortants. Le coffre renfermant les deniers de la communauté, ceux de la Fabrique et ceux de l'Hôpital était déposé dans la maison claustrale.

Le Conseil général nommait encore tous les ans le *tailhaire* ou collecteur des deniers royaux et autres deniers tant ordinaires qu'extraordinaires. La levée des impositions était mise à *la moinsdite* (adjudications au rabais) ; celui-là seul était agréé qui offrait des garanties de solvabilité et versait caution dans les trois jours (en 1604, la levée était faite moyennant 17 deniers par livre).

Le Conseil général s'occupait des questions d'ordre public et de tout ce qui touchait à l'intérêt commun. Le Conseil extrait, appelé Conseil politique au milieu du dix-septième siècle, agissait en vertu de la délégation du Conseil général et s'occupait des affaires ordinaires.

II. — Le *Conseil extrait* était composé de douze membres et des deux consuls. A la suite de l'élection consulaire, il se renouvelait par le départ des deux plus anciens membres et leur remplacement par les deux consuls qui sortaient de charge.

Le Conseil extrait nommait, le jour de S. Philippe et S. Jacques (1er mai), les officiers chargés des diverses charges publiques, savoir :

1° Le *procureur de l'Hôpital* et les deux *caritadiès* ;

2° Le « *soubzobrié* en l'esglise parrochiale », ou sacristain chargé de soigner le linge d'autel, balayer souvent l'église, tenir le chœur prêt pour les offices et faire tous autres services accoutumés, moyennant la paye ordinaire de trois émines blé froment, une émine orge, à prendre sur la levée de la dîme et quarante sous argent ;

3° Le *bassinadiè,* chargé de faire la quête dans l'église ;

4° Le *passinadiè,* chargé de la distribution du pain bénit ;

5° Deux *escapouliès* ou sonneurs de cloche, au gage de trois livres chacun ;

6° Trois *estimayres* (experts pour les dommages) « au gage de un sou pour tous trois par chaque estyme et en outre quatre deniers pour l'escripvain, le tout payé par le malfaiteur » (délinquant) ;

7° Trois *careyriès,* chargés de veiller sur l'état des carrières (rues) et chemins ruraux.

Ces officiers n'entraient en fonctions qu'après avoir prêté chacun serment de bien faire le devoir de sa charge.

Le Conseil extrait nommait encore : 1° le jour de la Purification (2 février), deux *bandiers* ou garde-terres, auxquels il était d'ancienne coutume de donner trente sétiers blé à partager entre eux. Le secrétaire chargé de la rédaction des procès-verbaux avait un gage de trois émines blé.

2° Le 15 août, il nommait deux *garde-vignes*, amandes et autres fruits, qui unis aux bandiers se partageaient la surveillance de la récolte en divisant le territoire par quartiers, savoir : 1° las Cresses ; 2° Prunelle ; 3° la Garrigue, et 4° las Bedarèdes. La charge de garde-vignes était mise à la moinsdite.

En outre du prix convenu, les gardes avaient une gratification de deux sous par malfaiteur surpris de jour et quatre sous pour ceux qui étaient surpris pendant la nuit, mais à la condition d'apporter au consul un gage pris sur le délinquant, afin de servir de preuve pour la condamnation. Le salaire des gardes était payé par les possesseurs de terres ou de vignes, d'après l'étendue de leurs propriétés. Avant d'entrer en fonctions, les gardes promettaient « d'exercer leurs charges en gens de bien, la main levée vers Dieu, en signe de serment. »

3° Le Conseil extrait nommait encore à la moinsdite le gardien de la *porcade* (porcs destinés à l'engraissement), pour l'année commençant à la fête de saint Michel. Au commencement du dix-septième siècle, la porcade comprenait environ quarante-cinq cochons, marqués à l'oreille gauche d'un O, marque de Montblanc. Les propriétaires donnaient en moyenne au gardien une punière trois quarts, moitié blé, moitié seigle par chaque unité. Le porcher devait « régir et gouverner son personnel comme un bon pasteur doit faire », à peine de répondre des dommages et intérêts qui résulteraient de sa négligence.

Le Conseil extrait mettait en *arrentement* les diverses sources de revenus de la communauté. On ne voit pas qu'il y en eût d'autres au seizième siècle que le *couratage* ou droit de mesurage des grains et liquides « vendus dans la localité et destinés à être portés hors du lieu. »

Les arrentements et les moinsdites avaient lieu sur la place publique, à l'extinction de trois chandelles ; les baux étaient passés devant notaire.

III. — La *maison consulaire* se trouvait « dans le closcher de l'esglise parocchiale ; c'est là où tous conseils, tant extraicts que généraux, avaient accostumé être tenus. » — Plus tard, afin de s'épargner la fatigue de monter au second étage du clocher, on tint les réunions dans la salle basse de la maison claustrale (presbytère). Quand il s'agissait d'une affaire de grande importance et que l'assemblée devait être nombreuse, le Conseil général se réunissait dans le patus ou saluber de la claustre (cour du presbytère). Cependant, le Conseil extrait, jusque vers 1620, se réunissait quelquefois « dans la maison de Ville, assise dans le clocher. »

Les délibérations du Conseil général étaient autorisées par le seigneur du lieu qui y assistait, ou se faisait représenter par le bailli et qui à la fin « interposait son décret ou autorité de justice, sauf le droit du roi et d'autrui. » Simple formule qui flattait l'amour-propre du seigneur et exprimait un droit plus nominal que réel et pratique. Il n'existe pas, en effet, de cas où le seigneur ait annulé ou infirmé les décisions de l'assemblée communale.

III. — MALEFOSSE, SEIGNEUR

I. — *André de Malefosse*, baron de la Caunette et seigneur de Carlencas (1), avait succédé à son père dans la possession des biens de Montblanc et de la seigneurie.

Le 19 février 1550, devant Me Jean de Rocoles, notaire à Béziers, il vendit au Chapitre de Saint-Nazaire, au nom du roi et à ce dûment autorisé, moyennant la somme de quatre cents livres tournois comptant, la tailhe ou queste annuelle de vingt livres que les habitants payaient au roi. Le seigneur s'engagea par cet acte à remettre la somme annuellement au Chapitre et à la faire payer par les habitants ; les consuls, de leur côté, promirent au nom de la communauté de la payer exactement (2). Il existe aux archives municipales deux quittances pour le paiement de

(1) Carlencas, ancien hameau, près de Fontès, aujourd'hui disparu. Plus tard, les Malefosse se qualifièrent seigneurs de Thibéret, château situé près de Cabrières. Nous pensons qu'il s'agit de la même seigneurie.

(2) Livre *de omnibus*. Vol. A, f° *c iiij*.

cette taille, délivrées aux consuls, l'une le 10 avril 1579, l'autre le 6 décembre 1582.

II. — André de Malefosse eut deux fils : Jean et André. Jean de Malefosse se maria avec Claire de Thézan. Par contrat de mariage, le 21 avril 1551, son père lui fit donation de la moitié de ses biens présents et à venir, avec clause qu'un des enfants mâles qui descendrait de cette union serait héritier dudit Jean aux choix et nomination de celui-ci et que, « à défaut de nomination, l'aîné serait héritier universel. »

André de Malefosse mourut *ab intestat.* Son second fils, André, lui succéda dans la moitié des biens restant ; par acte du 21 juin 1566, il en fit donation à Pierre de Maragon, sieur de Gaujac.

III. — A ce moment, le midi de la France était troublé par les *Calvinistes ;* pendant plus de vingt ans, les religionnaires parcoururent nos contrées, laissant de grandes ruines sur leur passage.

Le 3 mai 1562, ils s'emparèrent de Béziers et de là se répandirent dans les environs ; le mois suivant, ils attaquèrent Servian, mais ne purent le réduire ; en se retirant, ils massacrèrent une vingtaine de soldats catholiques, qu'ils rencontrèrent dans une grange voisine, et marchèrent sur Montblanc.

Ici, quelque résistance fut-elle opposée ? On ne saurait le dire ; dans tous les cas, elle ne fut pas efficace. Les religionnaires se précipitèrent dans l'église et se livrèrent au pillage et à tous les excès de la profanation : les autels furent renversés, les objets qui les décoraient brisés, les tableaux, les ornements sacerdotaux et les livres liturgiques brûlés ; les calices, ciboires, reliquaires, croix en argent furent enlevés ; les cloches furent descendues et emportées ;

l'église fut mise à sac (1). Les églises rurales de Saint-Martin et de Saint-Pierre furent ruinées de fond en comble.

Au mois de juillet, Servian, qui était tombé en leur pouvoir, fut repris par le maréchal de Joyeuse ; le château de Nézignan-l'Evêque, où ils étaient en force, fut emporté d'assaut et la garnison passée au fil de l'épée.

Joyeuse s'assura aussi de Pézénas, de Saint-Thibéry et de *tous les villages des environs et y rétablit l'exercice de la religion catholique qui y avait été interrompu.*

Servian retomba à plusieurs reprises aux mains des religionnaires qui furent chaque fois chassés par les troupes du roi. Valros fut pris au mois de mai 1576 et *tous les environs furent dévastés.*

Au printemps de 1579, les hostilités recommencèrent par la prise de Saint-Thibéry et de *certaines petites villes voisines* qui, à l'automne suivant, furent reprises au nom du roi (2).

Il résulte de ces divers faits que Montblanc fut plusieurs fois sous la dépendance des religionnaires. Les archives municipales nous apprennent que, le 17 juillet 1578, le maréchal de Damville, commandant les troupes royales, avait fixé un poste de quatre hommes à Montblanc. Le premier consul Jacques Pastre dut payer au nom de la ville « troys escutz sol pour les frais de logement y comprins les despans de bouche. »

Au milieu de ces troubles, quelques habitants se laissèrent séduire et embrassèrent le calvinisme ; mais la très grande partie de la population demeura fidèle à la foi de ses pères.

(1) « Heretici, Calvinistæ, pretiosam suppellectilem bellorum temporibus et tumultibus surripuerunt. » — Visit. past. Pr.-verb.

« Les calices, croix, reliquaires, tout a été emporté par les rustres et ceux de la religion, qui emportèrent les papiers et les cloches. » — Visit. past. Audit. des hab.

(2) *Hist. gén. de Lang.* Livres XXXVIII, XXXIX, XL, *passim.*

A la fin du siècle, les protestants comptaient environ douze familles à Montblanc, ce qui représentait le dixième de la population (1).

Ils n'étaient pas assez nombreux pour avoir un temple : ils achetèrent une maison où ils se réunissaient ; cette maison était située dans le passage couvert avoisinant la porte de Riquet ; elle était, croyons-nous, la troisième, à droite (2).

Ils avaient leur cimetière à peu de distance des murailles de la Ville, au quartier de Poupié (3), presque à l'entrée de la rue qui maintenant suit celle de la fontaine vieille et lui est parallèle (4).

Les protestants vécurent en bonne harmonie avec les catholiques ; on leur accorda une part dans la gestion des affaires communales ; à plusieurs reprises, certains furent élus consuls, ce qui eut un grand inconvénient.

D'après une ancienne coutume, le premier consul sortant de charge était de droit *ouvrier* (trésorier-marguillier), il arriva que les deniers de l'église se trouvèrent entre les mains des hérétiques quand les consuls sortants étaient protestants. L'évêque, informé de cette situation, défendit

(1) Douze familles, d'après les habitants dans leur déposition à la visite pastorale en 1605 ; vingt familles, d'après la déposition du curé. Nous adoptons le chiffre donné par les habitants, ceux-ci connaissant mieux le pays que le curé, arrivé depuis peu de temps. Au reste, ce chiffre se rapproche davantage de celui que nous trouverons dans un acte de 1629.

(2) Vieux compoix, f° 320. Art. Jehane Castelbone. — « Une maison al pourtal de Riquet confronte de terral la Carrière, narbonès anth. Coulogne, mary la muraille de la Ville, grec la maison de ceulx de la prétendue religion. »

Item, f° 325. art. Pierre Miquel. — « Une maison al pourtal de Riquet, confronte de mary le passage de Daniel Rossignol et la maison de ceux de la prétendue religion pour le dessus. »

(3) Vieux compoix, f° 397. Art. Christol Bilon. — « Un ort et ferrajal à Poupio, confronte de narbonès lou sementery de ceulx de la prétendue religion. »

(4) La maison appartenant à M. Etienne Gout a été construite sur le terrain de ce cimetière.

que les intérêts de la Fabrique fussent confiés à des hommes ennemis de l'Eglise et par suite incapables d'apprécier les besoins du culte. Il ordonna que, si pareille éventualité se produisait, on prît pour ouvrier le second consul, et, au cas où celui-ci serait aussi hérétique, on choisît un catholique probe, capable de remplir la charge (1).

Les consuls protestants cessèrent aussi d'appeler le curé au règlement des comptes de la Fabrique. Cela donnait à penser que la Ville se servait des revenus de l'église pour ses besoins particuliers (2). Ce soupçon était d'autant plus fondé que l'évêque, à la visite pastorale, en 1605, ne trouva pas l'ornementation de l'église en rapport avec les revenus assez considérables qu'elle avait (3). Il ordonna qu'à l'avenir le trésorier rendît compte de sa gestion en présence du curé délégué du Chapitre et chargea l'archidiacre du diocèse de vérifier exactement les comptes tous les ans (4).

En 1605, « le maître d'école était huguenot. » L'évêque recommanda aux habitants de chercher un maître catholique afin que les enfants ne fussent pas mal instruits des vérités de la religion et par suite exposés à perdre la foi (5).

IV. — Jean de Malefosse mourut sans faire testament ni désignation de celui de ses enfants qui devait hériter de ses biens. Par le fait, *Melchior de Malefosse*, l'aîné, se trouva héritier.

Il voulut réunir à sa maison tous les biens qui avaient appartenu à la famille ; le 12 septembre 1572, il acheta à Pierre de Maragon, moyennant la somme de quatre mille cinq cents livres, les biens que André, son oncle, avait donnés.

(1) Visit. past. Pr.-verb.
(2) Visit. past. Audit. des Prêtres.
(3) Visit. past. Pr.-verb.
(4) *Idem.*
(5) *Idem.*

A ce moment se place un fait de peu d'importance, mais qui donna lieu dans la suite à de longs procès. La communauté voulut terminer un différend qui existait entre elle et le Chapitre de Saint-Nazaire, curé primitif, relativement à la dîme des olives.

Par une transaction conclue en 1575, il fut convenu que « la communauté payerait au Chapitre pour tous droits de dîme des olives croissant au terroir de Montblanc la quantité de deux mesures d'huile » ; le Chapitre, en retour, s'engagea à fournir le prédicateur pour les stations de l'Avent et du Carême, ainsi que pour les quatre fêtes solennelles et la fête votive du lieu.

Le Chapitre tenait ses engagements en envoyant pendant le Carême le prédicateur qu'il avait à Servian. Or, pour des raisons indépendantes de sa volonté, celui-ci faisait souvent défaut, ce qui contrariait la population.

V. — Melchior de Malefosse n'eut pas de postérité. Par testament du 1er octobre 1585, il institua héritier son frère, *Gaspard de Malefosse*, et « au cas où celui-ci décéderait sans enfants » il lui substitua Charles de Thézan, seigneur de Saint-Geniès, son cousin.

Gaspard de Malefosse acheta la justice de Montblanc et de Valros.

C'était une justice bannerette non ressortissante, c'est-à-dire prononçant sur les questions de basse justice (1) et n'ayant pas qualité pour décider des causes d'appel. Sa compétence était loin d'égaler celle de nos justices de paix. La justice était rendue par le *bailli* ou juge. Guy Dalichoux exerça l'office de bailli jusqu'en 1614 ; le quartier où se trouvait le prétoire s'appelle encore *las Cours*.

(1) La *basse justice* connaissait simplement des droits dus au seigneur, des actions personnelles au civil jusqu'à soixante sous et des délits dont l'amende n'excédait pas dix sous.

Au-dessus de cette justice seigneuriale était placée, pour les autres causes, la cour présidiale ou sénéchale de Béziers, établie au moment où fut créée la sénéchaussée (1551), et, pour les appels, la cour souveraine de Parlement de Toulouse.

A côté de la justice ordinaire se trouvait la justice consulaire, connaissant des délits de police et des contraventions aux défenses portées par l'administration locale ; elle était exercée par les consuls et le Conseil extrait réunis. Sa compétence dans cet ordre était sans limite.

VI. — Un quart de siècle s'était écoulé depuis que les Religionnaires avaient dévasté le pays, et les ruines amoncelées dans l'église n'étaient pas encore complètement relevées.

On avait fait un autel en pierre de grande dimension, avec un tabernacle, de forme gothique, sculpté (1) ; on avait placé contre le mur, en arrière du maître-autel, une grande croix portant l'image de Notre-Seigneur crucifié ; on avait acheté des vases sacrés en cuivre et les ornements strictement nécessaires.

Au moment où les guerres religieuses désolaient nos pays, l'évêché de Béziers était occupé par des prélats d'origine florentine, venus en France à la suite de Catherine de Médicis, leur parente.

Ces évêques, aussi recommandables par leur zèle que par leur naissance, après avoir gémi sur les ravages causés par les hérétiques, travaillèrent de tout leur pouvoir à les réparer.

Jean IV de Bonsy avait à peine pris possession de son siège qu'il voulut se rendre compte de l'étendue du désastre.

(1) « Altare valde longum et fere duabis cannis. » — Visit. past. Pr.-verb. — Ce tabernacle fut bâti plus tard dans un angle de la sacristie et servait à garder les saintes huiles.

Au printemps de 1605, il visita les églises de la banlieue de Béziers.

Le 8 mars, accompagné de l'archidiacre Juvenis, du vicaire général Fabri et du Père Jennin, de la Société de Jésus, il se rendit à Montblanc (1).

Le vicaire perpétuel Guillaume Gousi, qui résidait à Béziers, ne jugea pas à propos de se déranger ; le prêtre André Fabre, chargé de la régie de la paroisse, assisté du secondaire Caldeyron, du diacre Audran et des clercs, alla le recevoir en procession pendant que les cloches sonnaient à toute volée.

Ayant baisé la croix, l'évêque s'avança dans l'église au chant du *Veni Creator* et du *Te Deum*. Arrivé au pied de l'autel, il fit sa prière et donna la bénédiction. Le Père Jennin célébra la messe et, dans une familière allocution, expliqua aux fidèles le but de la venue du premier pasteur au milieu d'eux.

L'évêque visita minutieusement toutes les parties de l'église, ainsi que tous les objets servant à l'usage du culte.

Il commença par le Saint Sacrement, qui était conservé dans un ciboire en cuivre, convenable, placé dans le tabernacle.

Les fonts baptismaux en pierre étaient fermés par deux planches posées au-dessus de la piscine ; l'évêque ordonna qu'on fît, dans l'espace de huit jours, un couvercle en forme de pyramide, ainsi qu'une petite armoire dans laquelle on déposerait les saintes huiles et le livre servant à l'inscription des actes de baptême.

Les saintes huiles se trouvaient dans de petits vases en terre, renfermés dans un grand vase d'étain ; dans l'espace de huit jours, on dut se procurer un vase convenable.

L'évêque examina ensuite l'autel majeur dont la table

(1) Voir Appendice : *Visite pastorale de Jean de Bonsy.*

était recouverte de trois nappes ; la pierre sacrée se trouva brisée en plusieurs parties ; il ordonna qu'elle fût remplacée le plus tôt possible. Il constata le mauvais état où étaient les fermetures de la fenêtre du chœur et ordonna qu'on les réparât.

Il continua la visite en parcourant les différentes chapelles, commençant par celle de Notre-Seigneur. Il demanda les noms des divers chapelains et chargea le curé de les informer qu'ils devaient, dans l'espace de quinze jours, présenter leurs titres de collation, sous peine d'être privés des revenus.

Il descendit au bas de l'église et trouva près de la porte les pressoirs dont on se servait à l'époque des vendanges ; il ordonna que ces objets fussent mis hors du lieu saint dans l'espace de trois jours. On fit alors construire en avant du mur du château-vieux et dans la rue un appartement où on les plaça ; toutes les années, la Fabrique les mettait en arrentement (1).

L'évêque examina dans tous ses détails l'état de l'édifice. Il trouva la tribune démolie par moitié, le pavé de l'église tout brisé, le toit en mauvais état, en sorte que les eaux pluviales filtraient à travers la voûte et incommodaient les fidèles pendant les offices. Il ordonna que tout fût réparé aux frais de la Fabrique le plus tôt possible.

A ce moment, il y avait deux cloches. L'archidiacre défenseur des intérêts du Chapitre demanda que la plus grosse des deux, enlevée, à l'époque des guerres religieuses, de l'église de Bassan, dont le Chapitre était curé primitif,

(1) En 1612, les pressoirs étaient arrentés 15 livres 10 sous. L'adjudicataire prélevait un sou par chaque muid de vin pur provenant de la raque pressée, mais avec obligation de retailler deux fois. Pour les ayguades, il prenait six deniers par muid.

En 1756, la communauté donnait gratuitement la ferme des pressoirs, mais l'adjudicataire devait faire gratis les deux premiers tals du marc et ne percevoir que deux sols six deniers pour les autres.

fût rendue et que la Fabrique de Montblanc, qui avait des revenus assez considérables, en achetât une à ses frais. L'évêque répondit que cette question devait être portée devant les juges ordinaires et que ceux-ci statueraient après avoir entendu les représentants de la Fabrique.

Il examina ensuite le vestiaire ; les ornements étaient vieux et usés pour la plupart, les linges d'autel et les vêtements sacerdotaux étaient insuffisants ; les vases sacrés, les croix, les reliquaires étaient en cuivre ; les missels, les livres de chant étaient presque hors d'usage. Il ordonna que la Fabrique se procurât le plus tôt possible un Graduel et un Antiphonaire pour les chantres ainsi qu'un Missel pour les prêtres, le tout conforme aux prescriptions du Concile de Trente. Il ordonna encore que la Fabrique achetât trois livres dans lesquels on inscrirait séparément les actes de baptêmes, de mariages et de sépultures. Ce furent là les premiers registres de catholicité.

L'évêque passa ensuite dans le cimetière, où il constata avec regret le peu de respect qu'on avait pour le lieu saint et donna l'absoute aux morts qui y reposaient.

La cérémonie terminée, il se rendit au château où il était l'hôte du seigneur.

Après s'être reposé, Jean de Bonsy fit appeler le premier consul et les notables du pays, afin de conférer avec eux sur l'état de la paroisse.

Il les interrogea d'abord sur les choses concernant le temporel de l'église ; il leur demanda quels étaient les usages touchant la perception et le partage de la dîme, à quel chiffre s'élevaient les revenus de la Fabrique ; comment était nommé le trésorier et de quelle manière il rendait ses comptes. Il les interrogea sur le nombre de chapelles existant dans l'église ainsi que sur leurs revenus et leurs charges respectives, sur la manière dont les chapelains remplissaient leurs obligations. Il leur demanda s'il y avait un hôpital et comment il était administré ; combien on comptait de confréries dans la paroisse, quels en étaient les revenus et à quoi on les employait. Le consul et les notables, après avoir prêté serment, répondirent à toutes ces questions.

Bientôt le premier consul Jean Richard, qui était protestant, se retira. L'évêque interrogea alors les notables sur la conduite des prêtres ; il leur demanda s'ils s'acquittaient bien de leur devoir ; en quoi consistait le service religieux du dimanche et celui de la semaine ; s'il y avait un prédicateur pour l'Avent et le Carême ; s'il y avait un maître d'école ; combien on comptait de familles protestantes. Le consul et les notables, au nombre de sept, signèrent leur déposition qui fut annexée au procès-verbal de visite (1).

L'évêque fit appeler ensuite les prêtres, savoir le curé, le secondaire et le diacre. Après avoir prêté serment, le curé répondit aux questions qui lui furent posées touchant la manière dont il remplissait les obligations de sa charge et touchant l'état religieux de la paroisse. A la demande « s'il y avait des mal vivants », il répondit : « Non. »

Le curé se plaignit que les consuls et les habitants se réunissaient le dimanche, même pendant les offices, dans l'appartement servant de maison consulaire ; et comme plusieurs étaient hérétiques, et par suite peu respectueux du saint lieu, il en résultait un grand trouble pour les fidèles qui priaient dans l'église. L'évêque défendit qu'à l'avenir ces réunions eussent lieu aux mêmes heures que les offices.

Le curé se plaignit encore qu'il n'était plus appelé à prendre part à l'examen des comptes du trésorier de la Fabrique ; qu'on négligeait de faire les réparations nécessaires pour la conservation de l'édifice religieux. Il de-

(1) Voir Appendice : *Visite pastorale, Audition des habitants.*

manda que la Fabrique achetât certains ornements, ainsi que les linges, les livres, les vases sacrés nécessaires.

L'évêque rappela au curé l'obligation où il était d'instruire le peuple, de lui enseigner les choses nécessaires au salut, de veiller attentivement sur les fidèles qui lui étaient confiés ; il lui recommanda de ne pas faire l'œuvre de Dieu avec tiédeur, de vivre modestement, et de n'être un sujet de scandale pour personne. Il lui ordonna ainsi qu'aux deux autres ecclésiastiques de produire leurs titres d'ordination dans l'espace de huit jours. Le curé signa sa déposition ; le secondaire et le diacre signèrent aussi, après avoir prêté serment (1).

Ayant pris conseil de ceux qui l'accompagnaient, Jean de Bonsy porta une ordonnance relative aux réparations à faire à l'église et à l'achat des objets nécessaires pour le culte.

Attendu que la Fabrique avait de notables revenus, il statua que toutes les réparations, ordonnées dans le cours de la visite, fussent exécutées dans l'espace d'un an ; que dans un mois la Fabrique achetât un calice et un ciboire en argent ainsi qu'un certain nombre d'objets et de linges d'autel, en outre un ornement complet pour les services des morts et une dalmatique en satin vert. Il chargea le Vicaire général et l'Official de veiller à ce que ces prescriptions fussent exécutées (2).

L'évêque se transporta ensuite à l'hôpital. A ce moment, il n'y avait pas de lit, mais seulement une estrade. Il ordonna au procureur de l'hôpital de rendre ses comptes toutes les années en présence des consuls et du curé, délégué du Chapitre. Il recommanda aux prêtres de s'y rendre toutes les fois qu'il y aurait des malades, d'y aller régulière-

(1) Voir Appendice : *Visit. past., Audition des Prebstres.*
(2) Voir Appendice : *Mandatum.*

ment deux fois par semaine pour instruire les pauvres et les malades, et en cas de danger de mort, leur rappeler l'obligation de recevoir les derniers sacrements.

L'évêque visita ensuite le presbytère ; il le trouva en mauvais état, la toiture était tombée en partie. Il ordonna qu'il fût réparé aux frais du Chapitre et de manière à ce que les prêtres y trouvassent une demeure commode et décente.

La visite canonique terminée, l'évêque se rendit à l'église, à l'heure des vêpres, et donna la confirmation à un grand nombre de fidèles de l'un et de l'autre sexe (1).

(1) Jean de Bonsy fut créé cardinal du titre de S.-Clément, le 17 août 1611, par le pape Paul V, et conserva la charge d'évêque de Béziers jusqu'à sa mort (4 juillet 1621).

CHAPITRE TROISIÈME

DIX-SEPTIÈME SIÈCLE

I. — GASPARD DE MALEFOSSE, SEIGNEUR

I. — Les luttes religieuses et politiques avaient cessé, Henri IV était assis sur le trône ; la vie communale allait prendre de l'essor et se traduisait dans le pays par des œuvres de grande utilité.

Le 25 avril 1603, le Conseil général des habitants, « du mandement du seigneur du lieu et à la requête des consuls Martin Cotte et François Caussat, s'assembla en maison claustrale, suivant l'ancienne coustume de tout temps observée, pour procéder à la création et élection des nouveaux consuls (1). » Soixante-un électeurs prirent part au vote (2). Jacques Sabatier et Etienne Riquet furent nommés.

Le 6 juillet suivant, le Conseil général décida de faire un nouveau *compoix* et cadastre. Par acte passé trois

(1) *Libre des memoyres* pour mestre toutes délibérations qu'y tiendront au lieu de Monctblanc pour la communauté dud. lieu et autres affaires dignes de mémoire. Commensant au vingt-cinquième jour du mois d'apvril mil six cent troys.

(2) Noms des électeurs qui ont des descendants dans le pays : Caussat, Ville, Pailhès, Dijoux, Amiel, Prades, Pastre, Bertrand.

jours après devant Me Puech, notaire à Valros, ce travail fut confié aux frères Revel, agrimenseurs (géomètres), de Peyriac-Minervois, moyennant la somme de deux cent trente livres.

Ce compoix, comprenant 713 feuillets et portant les mutations annuelles, a été en usage jusqu'au 1er décembre 1758.

Gaspard de Malefosse demanda aux consuls une copie de l'ensemble du compoix, à laquelle il avait droit, disait-il, comme seigneur du lieu ; la communauté ne lui accorda que la copie des parcelles de son bien rural. Fâché de ce refus, il introduisit une instance devant le sénéchal de Béziers en revendication de la jouissance du pré et du bosquet formant la terre de la *Condamine*, qui était bien royal et dont il devait avoir la possession comme engagiste de la seigneurie. Depuis longtemps les habitants jouissaient par tolérance de cette terre où ils amenaient leurs troupeaux ; le Conseil général résolut (8 juin 1604) de défendre les intérêts de la communauté jusqu'à ce qu'il « en fût jugé en forme de droit. » La sentence ne lui fut pas favorable.

La communauté voulut doter le pays d'une *horloge*. Le 17 mai 1604, par acte reçu Me Benoît, notaire à Tourbes, les consuls traitèrent avec Abran Reulan, maître serrurier de Béziers (1). Le prix fixé à cent dix livres fut payé avec le produit de la vente des arbres qui bordaient les chemins et les ruisseaux.

On dut perforer les voûtes du clocher pour faire descendre le fil jusqu'au second étage où étaient installés les rouages et le mouvement. Le Conseil extrait oublia de demander l'autorisation au Chapitre de Saint-Nazaire, curé primitif, sans l'assentiment duquel on n'avait jamais touché à l'édi-

(1) L'horloge a été renouvelée en 1747 et en 1887.

fice ; l'archidiacre, en ayant été informé, dénonça le fait à l'évêque, qui défendit d'agir ainsi à l'avenir.

Le pays manquait d'eau ; une petite source située à l'est du village alimentait une fontaine, placée hors des murs et par suite assez éloignée pour une partie de la population, appelée aujourd'hui *fontaine vieille.* A l'approche de l'été, la source tarissait ; on était obligé, pendant plusieurs mois, de recourir aux puits particuliers et au puits communal appelé puits de la forge, situé sur la place publique (1), « ce qui était très malfaisant pour la santé publique. » On voulut utiliser le puits qui se trouvait au chemin de Servian ; une canalisation amena l'eau, presque aux portes de la ville, à coté du moulin à huile de Monsieur de Montblanc (août 1609) ; cette fontaine prit le nom *de petite fontaine.*

L'année suivante, la communauté fit réparer *le four banier* qui était « tout ruiné du sol et ne pouvait plus servir à cuire le pain. » Ce four « destiné au cuisage du pain de tous les habitants » fut donné en régie à partir de 1618 ; moyennant un salaire de 75 livres, le fournier était tenu de faire le pain pour tous à ses dépens, sans espoir d'aucun salaire.

La communauté ne bornait pas sa sollicitude à ce qui pouvait contribuer à l'utilité matérielle du pays ; elle s'occupait aussi de la *santé publique.* Dès 1612, elle appela un maître chirurgien pour le soin des malades ; elle lui vota une indemnité de 75 livres pour frais de séjour ; les soins médicaux étaient à la charge des familles, sauf pour les indigents. On tarifa les principales opérations en usage à cette époque : les saignées furent cotées huit sous, les clystères huit sous, les ventouses taillées huit sous, les ventouses

(1) Ce puits fut comblé, vu sa non utilité, au mois d'août 1794, et les pierres restant servirent à la reconstruction du pont qui était près de la rivière.

sèches cinq sous ; les remèdes étaient payés au prix convenable et, en cas de désaccord, d'après l'estimation d'un homme idoine et capable en cet art. Le contrat pour la santé publique fut renouvelé pendant plusieurs années, mais ce ne fut jamais avec le même praticien, ce qui prouve que la situation n'était pas très lucrative. Plus tard, la communauté traita avec des médecins habitant soit Bessan, soit Saint-Thibéry, soit Marseillan.

On veillait aussi sur l'*hygiène publique;* en 1615, on défendit de « faire aucun fumier » dans les rues du village ; cette défense ne fut jamais bien observée, comme nous le verrons dans la suite.

II. — Pour subvenir aux frais que nécessitaient ces dépenses, on dut créer des ressources. Le *couratage* était jusque-là le seul revenu de la communauté ; il fallait avoir recours toutes les années à la taille ou impositions pour combler le déficit.

En 1610, le couratage était affermé soixante-treize livres, payables moitié en entrant, le jour de S. Marc, et moitié le jour de Ste Eulalie, fête du lieu. Le couratier avait le droit cette année-là de percevoir six sous par muid de vin et par charge d'huile ; six deniers pour chaque sétier de blé et autres grains, sauf l'avoine pour laquelle il ne percevait que trois deniers. Les propriétaires pouvaient donner leurs grains en paiement des dettes ou les porter au marché pour les vendre sans payer aucune taxe. On remettait au couratier « deux mesures, un embutz, un quartal, le tout en cuivre, pour mesurer l'huile, et une semal, en bois de Quillan, pour mesurer le vin. »

A partir de 1611, on donna à ferme le *pré commun* (1),

(1) Le pré commun, contenant une sétérée et demie, fut vendu le 10 décembre 1630, à Pierre Madaille, au prix de cent vingt-cinq livres.

situé à la prade haute, entre deux aygues, quartier de l'Aubarède, moyennant la somme de neuf livres dix sous.

Deux ans après, on afferma pour la première fois les *balances et poids* de la Ville « destinés à peser le poisson et autres choses vendues à poids sur le marché », moyennant la somme de deux livres huit sous. L'adjudicataire fut autorisé à prélever quatre deniers par chaque sou sur le prix de la marchandise. On lui remit deux paires balances et deux poids, l'un d'une livre et l'autre de demi-livre.

La même année, on commença aussi à affermer la *maison à forge*, que la communauté possédait sur la place, moyennant la somme de cinq livres; on donna à ferme, moyennant quatorze sous, le *balayage* de la rue publique, avec obligation de « la tenir bien nette et débarrassée de la paille qu'on y étendait pour faire du fumier. »

La communauté aurait pu augmenter ses ressources en affermant les *herbages* des garrigues communales; mais elle ne voulait pas nuire aux intérêts des habitants.

Les parguiers (propriétaires de troupeaux) étaient nombreux à cette époque ; l'élevage du petit bétail constituait un des revenus du pays. Sauf une partie des garrigues et des chemins ruraux, réservés à celui qui tenait la boucherie commune, la dépaissance était libre dans les terrains communaux. Les particuliers, de leur côté, défendaient jalousement leurs terres. Cela explique pourquoi il y avait deux bandiers pour la surveillance d'un territoire aussi peu étendu que l'était, à ce moment, celui de Montblanc (1).

L'été de 1612 fut particulièrement chaud ; le terrain « se trouvait fort séché et aride ; on jugea nécessaire de ménager le peu d'herbages que fournissait la prairie. » On avait

(1) Le terrain de Coussergues n'a été réuni à celui de Montblanc qu'en 1791.

aussi à prévenir le maraudage « qu'il était accostumé être fait à l'époque des fruits par plusieurs malfaiteurs qu'il y avait dans le pays. »

Le Conseil général, « composé de la plus grande et saine partie des habitants, s'assembla dans la basse-cour de la maison claustrale. » Sur la proposition des consuls Cotte et Caussat, on défendit « à tous les habitants, de quelque qualité qu'ils fussent, tant que les blés et les fruits pendants ne seraient pas cueillis, de laisser dormir leur bétail dehors, ni le faire dépaître dans les prairies depuis neuf heures du soir, où les portes du lieu se fermaient, jusqu'au moment où elles s'ouvraient. » Les contraventions à cette défense devaient être punies d'une amende de cent sous ; en cas de récidive, l'amende était double ; pour le troisième délit, le chiffre en était laissé à l'arbitre des juges consulaires.

Les bandiers devaient aussi veiller sur les bergers de Valros, qui ne pouvaient résister à la tentation de conduire leurs troupeaux vers les rives de la Tongue, où l'herbe était plus abondante que chez eux. Le 8 août 1610, les garde-terres prirent « un mouthon et une chapre vyelhe appartenant au tropel de Pierre Fabre de Valros, qui s'étaient égarés hors de leur territoire. » Le Conseil extrait voulant « oster aux pareguiers de Valros le couraige d'habuzer de dépaistre dans les herbaiges du lieu et interrompre leurs desseins pour ce regard », décida que les bêtes pignorées seraient vendues aux enchères sur la place publique. Le mouton trouva acheteur à trois livres trois sous ; la vieille chèvre, peu grasse sans doute, eut de la peine à arriver à une livre sept sous.

III. — Gaspard de Malefosse possédait un objet d'art fort remarquable : c'était un reliquaire en argent doré « formé de quatre anges, dont l'un portait la sainte couronne d'épines, un autre le saint crucifix de Notre-Seigneur au sommet. » Il voulut bien le vendre à la Fabrique (8 novembre 1610) pour servir d'*ostensoir*. Le prix, fixé à six cents livres, fut payé en six annuités. Jusqu'à la Révolution, ce fut l'objet le plus précieux du trésor de l'église.

Vers la même époque, un groupe de fervents chrétiens « avaient fait vœu de construire une chapelle de *Pénitents blancs* pour y célébrer le service de Dieu et y faire leurs prières et oraisons (1). »

Par acte reçu Me Jean Nauthon, notaire à Montblanc, le 17 juin 1612, Gaspard de Malefosse leur concéda gratuitement l'espace longeant le mur de l'église, du côté nord, jusqu'à la chapelle de Notre-Dame. Les Pénitents s'engageaient à fournir par cotisation la somme nécessaire à cette construction et à l'édifier dans le délai de quatre années. Comme reconnaissance envers le seigneur, d'un commun accord ils le nommèrent « leur vrai frère et signalé fondateur de la chapelle. »

On ignore quel motif empêcha les Pénitents de réaliser leur projet ; mais il est certain que de ce moment ils se constituèrent en confrérie, si déjà ils ne l'étaient. On trouve, en effet, dans les registres de la paroisse, à la date du 18 mai 1615, l'acte de décès d'Antoine Baréjaire, de la confrérie des Pénitents blancs du Saint-Esprit.

En attendant d'avoir leur chapelle, les Pénitents s'installèrent dans la tribune, au-dessus du portail de l'église, où ils sont demeurés jusqu'à leur extinction.

Les Pénitents de Montblanc n'avaient pas de règlement particulier ; ils suivaient un livre d'Heures à l'usage de ces

(1) Il est bon que les noms des fondateurs de la Confrérie des Pénitents soient connus : Balthasar Dalichoux, seigneur de Cesseras ; Gaspard et Balthasar de Sebin ; Guillaume Caussat, premier consul ; Gaspard Pastre ; François Caussat jeune ; André Pailhès ; Jean Caussat ; Antoine Baréjaire ; Jean Ville jeune ; Jacques Carou ; Guillaume Christol ; Etienne Nauthon ; Guillaume Viala ; Jean Amiel ; Guillaume Dijoux ; Pierre, Henri et Jean Arnaud.

confréries, nombreuses dans le midi de la France. Ce livre contenait le cérémonial de leurs offices et les divers chants liturgiques.

La fête de la confrérie était célébrée le dimanche de la Pentecôte ; ce jour-là avait lieu l'élection des officiers, savoir : un prieur, un sous-prieur, un maître des cérémonies, un trésorier, un sacristain. Les Pénitents se réunissaient le dimanche avant la première messe pour chanter les Matines et les Laudes. Ils aimaient beaucoup les processions ; le Christ, porté par un frère marchant nu-pieds, rappelait que la confrérie avait été établie dans un but de pénitence ; leur costume et leurs chants relevaient la pompe de ces cérémonies.

Au décès d'un membre, deux frères veillaient auprès du défunt jusqu'au moment de la sépulture ; le corps était porté au cimetière sur une civière, revêtu du sac blanc, la cagoule rabattue sur la figure et était inhumé sans cercueil.

Les Pénitents achetèrent une cloche et la placèrent dans le campanile élevé sur la façade de l'église.

IV. — Le vicaire perpétuel, Guillaume Gousi, recevait du Chapitre une somme de deux cent trente-quatre livres argent, vingt sétiers blé, douze sétiers seigle, quatre muids vin, deux mesures huile, pour l'entretien du personnel ecclésiastique. Il devait, avec cette pension, nourrir et salarier le curé, le secondaire, le diacre, le clerc qui faisaient le service de l'église, psalmodiant chaque jour toutes les heures canoniales pour six ou sept cents personnes de communion (catholique) et payer en outre une servante (dix livres). Il assigna le Chapitre devant le sénéchal, demandant qu'il lui fût accordé pour portion congrue la moitié de la dîme perçue au terroir de Montblanc, si mieux le Chapitre n'aimait, toutes charges et nourriture déduites, lui payer annuellement la somme de six-vingts livres, conformément à l'ordonnance de 1571.

Une transaction fut conclue le 11 avril 1612 devant Me Raymond de Rocoles, notaire à Béziers. Le Chapitre maintint le chiffre de la pension pécuniaire ainsi que la quantité de vin et d'huile, mais porta la quantité de grains à trente-quatre sétiers froment. Il fut convenu que cette pension serait payée en plusieurs termes, savoir : à Pâques, trente-quatre livres argent, dix sétiers blé et un muid vin ; à la fête de S. Nazaire, vingt-quatre sétiers blé ; après la vendange, trois muids vin ; l'huile à la fête de S. Hilaire (14 janvier). Quant aux deux cents livres argent restant, elles devaient être payées par quartier : à la Pentecôte, à la S. Michel, à la Noël et à la mi-carême. Mais le Chapitre exigea que Gousi fît sa résidence à Montblanc et exerçât par lui-même la cure des âmes (1). Gousi, ne voulant pas observer la résidence, dut donner sa démission.

Pierre Madailhe, originaire de Béziers, fut canoniquement promu à la vicairie perpétuelle. Il n'avait pas terminé ses études ; le prêtre André Fabre continua à régir la paroisse.

Lors de la visite pastorale, en 1605, l'évêque avait prescrit qu'il y eût un prédicateur pour les stations de l'Avent et du Carême. Le Chapitre de Saint-Nazaire trouva la charge onéreuse : il demanda la dîme complète des olives. Devant le refus de la communauté, il cessa d'envoyer le prédicateur.

A la fin de l'Avent de 1609, le Conseil général chargea les consuls de réclamer auprès du Chapitre et, au cas où celui-ci persisterait dans ses prétentions, de louer un prêtre idoine pour exercer la charge de prédicateur pendant le Carême suivant. L'accord n'ayant pu s'établir, la commu-

(1) Livre *de omnibus*, Vol. B, f° *leeiii, v*.

nauté s'adressa au Sénéchal pour faire prononcer la maintenue de la convention de 1575. L'affaire arriva devant le Parlement de Toulouse. Un arrêt du 18 janvier 1617 « maintint la convention de ne payer au syndic du Chapitre, pour tous droits de dîme des olives, que la quantité de deux mesures huile, comme aussi maintint les habitants en la faculté d'avoir un prédicateur pour annoncer la parole de Dieu, aux dépens du Chapitre, les dimanches de l'Avent et du Carême, les quatre fêtes solennelles, la fête votive et les mardis et vendredis du Carême. » Il condamna en outre le syndic du Chapitre à rembourser à la communauté les sommes par elle avancées, pendant la durée de l'instance, pour le salaire et la nourriture des prédicateurs qu'elle avait loués.

Cet arrêt ne mit pas fin au litige. L'affaire fut reprise cinquante ans plus tard ; elle se termina par un arrêt du 19 janvier 1677, qui maintint pour la communauté l'obligation de fournir deux mesures huile et en outre le logement pour le prédicateur.

La communauté fournissait l'huile en nature ; dès le commencement du dix-huitième siècle, elle en donna la valeur en espèces, soit dix livres.

Pierre Madailhe ne prit possession de la vicairie perpétuelle de Montblanc que le 22 mars 1614, veille du dimanche des Rameaux ; il était bachelier en droit canon et en théologie.

Il avait accepté les conditions que le Chapitre faisait à son prédécesseur ; dix ans plus tard, il trouva que sa portion congrue n'était pas suffisante pour l'entretien et le salaire du personnel ecclésiastique de la paroisse ; il assigna le Chapitre devant le Sénéchal en vue d'obtenir une augmentation. « Pour le bien de la paix », le Chapitre transigea devant Me Gabriel Devilla, notaire à Béziers, le 13 mars 1624, et consentit à porter la pension à deux cent cinquante livres argent, quarante sétiers blé froment, quatre muids et demi vin pur rouge et deux mesures huile, le tout beau et marchand, mesure de Montblanc (1).

En 1629, la pension de Madailhe fut augmentée de trente livres, mais avec obligation de céder une partie du jardin aux fermiers du prieuré pour mettre leurs gerbiers, si c'était nécessaire (2).

V. — La communauté, qui veillait à tout ce qui touchait à l'intérêt commun, ne pouvait perdre de vue le défense du lieu. Le pays avait tellement souffert au siècle précédent des déprédations et des ravages occasionnés par la guerre, qu'il tenait à se trouver l'abri d'un coup de surprise.

Les *fortifications* étaient bien anciennes, et, quoiqu'elles ne pussent opposer une résistance sérieuse, elles suffisaient pour ralentir la marche des troupes telles qu'elles étaient organisées à cette époque; aussi veillait-on à leur entretien. En 1606, on avait réparé les murailles sur toute leur étendue; le coffre du clavaire ne contenait pas une somme suffisante pour payer la dépense; on se fit avancer soixante écus par la caisse de la Caritat.

Une brèche existait du côté de la porte d'Emblanc en 1610; les travaux furent donnés à l'adjudication, moyennant la somme de six sous par canne (3) de maçonnerie de trois pans (4) d'épaisseur et la nourriture fournie par les habitants dont les maisons confrontaient la muraille, « comme c'était de coutume de toute ancienneté. »

Au commencement de 1617, des troubles éclatèrent dans la province; cela suffit pour donner lieu à des bruits de guerre. Les consuls, à la demande des habitants, firent

(1) Livre *de omnibus*. Vol. D, f° 1.
(2) Livre *de omnibus*. Vol. D, f° 2.
(3) La canne valait deux mètres.
(4) Le pan valait environ vingt-cinq centimètres.

réparer à la hâte les murailles ; on se servit de pierres, poutres et autres objets appartenant à des particuliers. La crainte passée, le Conseil général vota une imposition de cent cinquante livres pour dédommager ceux qui avaient fourni des matériaux.

Dans les premiers mois de 1621, les protestants du midi de la France, sous la conduite du duc de Rohan, se soulevèrent. En présence d'une attaque possible, la communauté fit réparer les murailles ainsi que le gabion du Jeu de paume.

Cette précaution ne fut pas inutile ; l'année suivante, le village fut occupé par une partie des troupes royales, commandée par Louis XIII, qui demeura quelques jours à Béziers pendant les fortes chaleurs du mois de juillet. Les habitants souffrirent beaucoup du séjour prolongé des soldats au milieu d'eux.

Après l'évacuation de la Ville, le Conseil général pensa qu'il était juste de faire supporter les frais de la guerre aux habitants forains qui n'avaient pas souffert. A cet effet, on dressa, avec la permission du duc de Montmorency, gouverneur de la province, un rôle pour la répartition sur les forains des frais de la guerre. On donna aussi à Pierre Pradel la somme de cent trente livres, valeur d'une mule qui lui avait été dérobée pendant les troubles.

VI. — Les *droits seigneuriaux*, comme tous les impôts, étaient odieux au peuple ; cependant rien n'était plus légitime.

Le seigneur n'obtenait du roi son fief que contre argent comptant; les droits seigneuriaux représentaient l'intérêt du capital versé. Le seigneur n'était pas propriétaire du fief au sens strict du mot ; il n'en avait qu'une possession précaire ; le roi le lui donnait en engagement, selon le langage usité, c'est-à-dire avec la faculté de rachat perpétuel.

Le seigneur, à son tour, pouvait donner certaines terres relevant de son fief ou *directe* (1) en emphytéose, moyennant une redevance appelée censive ou albergue et consistant ordinairement en quelque produit du sol, froment, orge, etc. En percevant les droits de lods sur les ventes des terres se trouvant dans sa mouvance, il ne faisait que ce que l'Etat pratique de nos jours pour les contrats à titre onéreux.

Or, plusieurs possesseurs de terres relevant des directes du seigneur négligeaient de payer les lods et ventes, les usages et autres droits. Gaspard de Malefosse les assigna dans le courant de l'année 1624, devant le sénéchal de Béziers, en condamnation des arrérages qui lui étaient dus depuis 1595 et qui montaient à plus de douze ou quinze cents sétiers de tous grains et une somme considérable en argent pour les lods. Toutefois, pour « témoigner de sa bonne volonté et porter les habitants à être bons et fidèles vassaux », il déclarait vouloir les tenir quittes de tous les arrérages moyennant la somme de quatre mille livres, à laquelle se montait le dernier supplément qu'il avait payé au roi pour la seigneurie.

La communauté, de son côté, avait payé les tailles pour le bien rural du seigneur jusqu'en l'année 1596 ; elle demandait que le seigneur lui tînt compte de ce qui avait été fait à sa décharge. Celui-ci répondait que ces tailles étaient plus que suffisamment compensées par les arrérages que les habitants lui devaient, en reconnaissance de ce que par son autorité le lieu de Montblanc avait été garanti de plusieurs logements de gens de guerre.

Après des négociations habiles où, de part et d'autre, on fit preuve de bonne volonté, le Conseil général des habi-

(1) *Directe,* seigneurie de laquelle relevait immédiatement un fief ou une terre quelconque et à laquelle étaient dus les droits de lods en cas de vente.

tants autorisa les consuls Jean Revel et Antoine Nauthon à traiter avec le seigneur. Le 13 novembre 1624, une transaction fut passée devant Me Gaspard de Sebin, notaire à Montblanc, en vertu de laquelle la communauté paya comptant au seigneur la somme de mille livres et renonça à tout ce qui lui était dû pour les arrérages des tailles du bien rural ; le seigneur, de son côté, renonça aussi à tout ce qui lui était dû depuis vingt-neuf ans.

La communauté fut si contente de l'heureuse issue de cette affaire, qu'elle vota une récompense de trois cents livres à certain personnage, dont on ne dit pas le nom, qui par ses démarches et ses bons offices avait amené ce résultat.

Gaspard de Malefosse mourut le 10 juillet 1625, à l'âge de soixante-seize ans. « Il fut enseveli dans le tombeau sis au-devant de l'autel-mage, à l'entrée de la chapelle de Notre-Dame. » Par son testament du 8 juillet, déposé aux minutes de Me Gaspard de Sebin, il légua à l'hôpital quinze cents livres, « voulant que cet argent fût employé en fonds assuré. »

Le 9 novembre suivant, Geneviève de Murviel, sa veuve, mourut à Cazouls d'Hérault, à l'âge de soixante-cinq ans ; elle légua cent livres à l'hôpital.

II. — THÉZAN DE SAINT-GENIÈS, SEIGNEUR

I. — Gaspard de Malefosse, n'ayant pas de postérité, institua héritier son cousin Henri de Thézan, seigneur et baron de Luc (1).

Ignorait-il la clause du testament de son frère Melchior,

(1) Seigneur et baron de Luc, la Voulte et autres places, gentilhomme ordinaire de la chambre du Roi, maréchal de camp des armées, gouverneur de la ville de Narbonne.

qui lui substituait, au cas où il mourrait sans enfant, son cousin Charles de Thézan, seigneur et baron de Saint-Geniès, frère de Henri ? Toujours est-il que le testament de Gaspard de Malefosse donna lieu à un long procès entre les deux frères. Charles de Thézan, se prévalant de la substitution faite à son profit, réclama l'héritage de Gaspard de Malefosse, ou du moins tout ce dont celui-ci avait hérité de son frère Melchior ; mais comme il n'avait pas en sa possession les titres qui établissaient son droit, il dut signer une transaction avec son frère le 22 septembre 1625.

Il fut convenu que les seigneuries de Montblanc, Valros, Lacaunette, Aigne et Thibéret ayant appartenu à Melchior de Malefosse, seraient divisées par égales parts entre les deux frères, après avoir distrait, au profit du baron de Luc, les acquisitions que celui-ci prouverait avoir été faites par Gaspard de Malefosse. Toutefois, un délai fut accordé à Charles de Thézan pour faire foi du testament de Melchior de Malefosse, contenant substitution à son profit.

Henri de Thézan se fixa à Montblanc, il habita le château. La propriété de la seigneurie n'étant pas réglée, il ne se montra pas exigeant dans la perception des droits féodaux ; il se concilia l'estime de la population. En reconnaissance de ce qu'il avait évité au pays le logement des gens de guerre au passage des troupes du duc de Montmorency, la communauté lui fit présent, le 5 décembre 1627, d'un mulet tout harnaché pour porter ses hardes ; le 27 mai suivant, elle lui fit encore présent de deux douzaines de sacs d'avoine pour ses chevaux.

Gaspard Cotte, bailli en la cour ordinaire du lieu depuis 1614, continua à remplir cet office ; il assistait aux assemblées du Conseil général des habitants et les autorisait au nom du seigneur.

II. — La révolte des protestants avait repris vers 1625. Le duc de Montmorency, lieutenant général du roi, après avoir soumis plusieurs villes rebelles, songea à contenir les protestants de la contrée. Il imposa aux habitants de Montblanc « faisant partie de la religion prétendue réformée » l'obligation de payer pour l'entretien de trois gendarmes la somme de cinquante-cinq sous par jour et par homme, pendant deux mois, à partir du 26 novembre 1628, comme il l'avait fait en d'autres endroits, notamment à Servian et à Murviel. Cette mesure était en outre justifiée par la conduite de Simon Sabatier, qui, s'étant mis au nombre des rebelles, avait porté les armes contre le roi.

Les protestants firent mauvais accueil à l'ordonnance du duc de Montmorency ; le 22 décembre suivant, une nouvelle ordonnance les condamna à payer provisoirement la somme de cent livres.

Les chefs de famille protestants se réunirent le dernier jour de l'année devant Me David Gasc, notaire à Montblanc, pour protester encore. Une troisième ordonnance, datée du 6 janvier 1629, vint presser l'exécution des deux précédentes.

Les chefs de famille se réunirent alors devant Me Jean Nauthon, notaire de la localité (1), le 11 janvier 1629 ; ils déclarèrent nulle et de nul effet et valeur la décision prise devant Me Gasc et chargèrent deux d'entre eux, Jean Fouquet et Jean Richard, d'emprunter la somme de mille douze livres, pour subvenir au paiement de tous les frais. Cet acte nous fait connaître que les chefs de famille protestants étaient alors au nombre de dix (2).

(1) Il y avait à ce moment trois notaires à Montblanc : 1° l'office occupé par Me D. Gasc, depuis le 27 mars 1623, avait été créé par lettres patentes du 18 avril 1567 en faveur de Guillaume Millet ; 2° l'office de Me G. de Sebin était de création récente (1617) ; 3° l'office de Me Nauthon, le plus important des trois, avait été occupé de 1604 à 1607 par Me Belmont.

(2) Nous croyons devoir donner les noms des chefs de famille pro-

La famille qui tenait le premier rang dans le pays parmi les protestants était celle des Sabatier, dont un membre exerçait la charge de lieutenant de bailli en la cour ordinaire du lieu. Venaient ensuite les Fouquet et les Richard, simples marchands, qui réalisèrent de grands bénéfices dans le commerce de la laine, des grains et autres denrées (1).

Les protestants de Montblanc avaient l'esprit de secte, ainsi qu'en témoignent les documents testamentaires arrivés jusqu'à nous. Après avoir « déclaré qu'ils mouraient en bons chrétiens catholiques et apostoliques, recommandé leur âme à Dieu le Père tout-puissant, et à Notre-Seigneur, son Fils, Jésus-Christ, le suppliant de leur faire pardon et miséricorde de toutes les fautes et péchés qu'ils pouvaient avoir commis et recevoir et colloquer leur âme au nombre des bienheureux en la cour céleste du Paradis, lorsqu'il lui plairait de les rappeler de ce monde »; après avoir demandé que « leurs corps fussent enterrés au cimetière de la religion réformée à Montblanc » ; chacun selon ses moyens léguait « aux pauvres une aumône » dont le chiffre varia entre quatre et trente livres ; mais à la condition que cette aumône « serait distribuée aux *seuls* pauvres faisant profession de leur religion et par les soins des anciens qui seraient en charge. »

III. — Vers la fin de l'année 1628, le bruit se répandit

testants existant à ce moment, afin de les comparer avec ceux qui abjurèrent cinquante-six ans plus tard : Jean Sabatier; Jean Fouquet; Jean Richard; Louis Ville; Daniel Rossignol; Jacques Bilon; Alexandre Rieufrégier ; Salomon Rivairol ; Marie de Villurbanc, veuve de Jean Sabatier; Ysabeau Sabatier, veuve de Michel Bilon.

(1) Jean Richard fils acheta la métairie de S.-Pierre et le château-vieux. Une de ses filles, mariée à Pierre de Serre, de Pézénas, fut la mère des de Serre, appelés plus tard de Valensac, dont une fille se maria avec Julien dit de la Gardiole. Celui-ci était encore propriétaire de S.-Pierre et des dépendances du château-vieux, au moment de la Révolution.

que la *peste* était dans la contrée. Une épidémie qui, pendant un quart de siècle, désola le Bas-Languedoc, venait de faire son apparition. La panique était générale; on fuyait les villes et les villages pour se réfugier dans les granges en plein air.

Les consuls s'empressèrent de prendre les mesures nécessaires pour arrêter la marche de l'épidémie. Ils traitèrent avec un chirurgien pour le soin des malades et employèrent les moyens de prophylaxie en usage à l'époque ; on faisait surtout brûler des plantes aromatiques ; une de leurs grandes préoccupations était de tenir fermées les portes de la ville, afin d'empêcher les étrangers d'apporter les germes de la maladie.

L'épidémie n'atteignit son maximum d'intensité à Montblanc que huit ans plus tard, de 1636 à 1638 (1), et reparut de 1644 à 1648 (2). Un des premiers atteints fut Henri de Thézan, fils aîné du baron de Luc, décédé dans le château le 9 août 1629, à l'âge de vingt-trois ans.

L'année suivante, au mois d'octobre, mourut dans une petite grange, à las Bédarèdes, un jeune homme récemment arrivé de l'armée de la Savoie et qui « y était réfugié en quarantaine pour soupçon et doute de mal de peste » ; il tomba devant le four à pain et fut enterré à quarante pas de là.

Le 3 février 1632, mourut encore dans le château Anne de Maréon de Lestang, femme de Henri de Thézan, dont le fils était mort trois ans avant.

Le 12 du même mois, « une sainte femme », Cloriande Caumilhe, veuve d'Arthur Nauthon, mourut dans la métairie de Saint-Pierre, où elle s'était retirée à cause de la maladie contagieuse (3). » Elle fut enterrée au pied de la

(1) Moyenne des décès dans la population catholique : 45 par an.
(2) Moyenne des décès : 35.
(3) Registre des sépult. de la paroisse.

croix, érigée tout près de l'ancienne église de Saint-Peyre de Erigna. Le premier consul Jean Richard et le bailli Cotte, propriétaire de la métairie, « assistèrent de loin » à la cérémonie de la sépulture.

Pendant que la peste sévissait, la population catholique songea à faire refondre la *grosse cloche*, qui était fêlée. Le 23 mai 1632, les administrateurs de la Fabrique, par acte reçu Me Nauthon, confièrent ce travail à Michel Promilhac, du lieu de Siran, au diocèse de Saint-Pons. Moyennant quatre-vingts livres, le fondeur s'engagea à faire « une cloche du même poids de seize quintaux (1) métal et de la placer d'aplomb dans le clocher » ; la Fabrique fournit les hommes et les matériaux nécessaires pour la descendre, la transporter au lieu où elle devait être fondue et la remettre dans le clocher.

IV. — A la suite de la transaction du 21 septembre 1625, Charles de Thézan s'était mis à la recherche des titres qui devaient lui assurer la succession de Melchior de Malefosse. Il mourut sur ces entrefaites ; son frère Henri mourut aussi ; l'affaire fut poursuivie par leurs enfants.

Hercule de Thézan, seigneur de Saint-Geniès, ayant réuni ces titres, assigna devant le sénéchal de Béziers son cousin, Pierre-François de Thézan, baron de Luc. Par arrêt du 14 mars 1637, la transaction du 21 septembre 1625 fut cassée et la substitution apposée au testament de Melchior de Malefosse, déclarée ouverte au profit du seigneur de Saint-Geniès.

Le baron de Luc fit appel de cette sentence ; un arrêt du Parlement de Toulouse, du 26 février 1638, le débouta avec soixante-quinze livres d'amende en faveur des pauvres.

Une nouvelle transaction intervint le 21 avril 1639, entre

(1) Le quintal pesait quarante-deux kilogrammes.

les deux cousins, devant Me Bouissière, notaire à Narbonne, pour le règlement définitif. Tenant compte de la part qui revenait à Gaspard de Malefosse dans la succession de son aïeul Jean, et qui par suite revenait à Henri de Thézan, son héritier, il fut convenu que « les terres et seigneuries de Montblanc et de Valros, consistant en justice, directes, rentes et droits seigneuriaux, domaines et terres avec leurs appartenances et dépendances, dont Gaspard de Malefosse jouissait lors de son décès, ensemble tous les arrérages des usages, rentes, lods et ventes et autres droits, depuis le décès dudit Gaspard de Malefosse, appartiendraient irrévocablement à Hercule de Thézan, seigneur de Saint-Geniès, et qu'ils seraient acquis francs et quittes de toute charge, dettes, legs, hypothèques. » Pierre-François de Thézan, baron de Luc, eut pour sa part les biens situés aux terroirs de la Caunette, Aigne et Thibéret et dut payer toutes les charges imposées par Gaspard de Malefosse.

Hercule de Thézan ne jouit pas longtemps de la seigneurie de Montblanc.

III. — LE PRINCE DE BOURBON-CONDÉ, SEIGNEUR

I. — Le comté de Pézénas fut vendu par Louis XIII au prince Henri II de Bourbon, prince de Condé, premier prince du sang, gendre du duc de Montmorency, le 3 mars 1640, moyennant la somme de soixante-onze mille six cent quarante livres.

Le prince fut mis en possession, le même jour, dans la personne de Jean de Veyrac, son procureur fondé, par le sieur Jean de Plantade, conseiller à la Cour des Aides de Montpellier, en présence des baillis et consuls des lieux qui composaient le comté. Montblanc fut représenté par

Gaspard Cotte, bailli ; Jacques Pastre, greffier ; Antoine Nauthon et Jean Amiel, premier et deuxième consuls.

Le dix-sept du même mois, le prince de Condé fit intimer aux officiers et consuls de Montblanc l'ordonnance qui le mettait en possession du comté de Pézénas et des villes qui en dépendaient.

Le prince de Condé posséda vis-à-vis de Montblanc les droits de seigneur consistant en justice haute, moyenne et basse, censives, lods et ventes, albergues... et généralement tous les droits qui appartenaient au roi.

La *justice royale* de Montblanc était composée d'un bailli ou juge, suffisamment capable pour exercer son office, d'un lieutenant du bailli ou suppléant, d'un procureur fiscal faisant les fonctions de ministère public, d'un substitut du procureur, d'un greffier et d'un huissier.

Gaspard Cotte exerça l'office de bailli royal jusqu'en 1656 ; son fils, Jean Cotte, l'exerça jusqu'en 1667. A sa mort, l'office de bailli fut acheté par François Pastre, qui l'exerça jusqu'en 1693 et fut remplacé par son fils, Jacques Pastre. Guillaume Julien exerça l'office de bailli royal depuis 1699 jusqu'à sa mort (1748).

Le bailli royal assistait aux assemblées du Conseil général des habitants et « interposait son décret et autorité de justice, sauf l'intérêt du roi et d'autrui. »

II. — Le prince de Condé, conformément à l'acte du 3 mars 1640, qui prescrivait de rembourser les engagistes de diverses portions du comté qui existaient, poursuivit le rachat de la seigneurie de Montblanc ; l'affaire fut réglée avec Hercule de Thézan de Saint-Geniès, le 24 août 1740, devant Me Maurin, notaire à Pézénas.

Le baron de Saint-Geniès n'avait pu, à cause de ses différends avec son frère, réclamer le paiement des droits seigneuriaux. Quand il fut en possession de la seigneurie, il assigna devant le sénéchal de Béziers plusieurs habitants qui possédaient des terres mouvantes de ses directes, en condamnation des arrérages dus depuis la transaction conclue avec Gaspard de Malefosse le 13 novembre 1624, jusqu'au jour du rachat de la seigneurie. Il fit assigner aussi la communauté en paiement de l'usage qu'elle faisait au seigneur de Montblanc et autres droits qui étaient dus depuis la même époque.

Afin d'arrêter un long et laborieux procès où il fallait procéder à une entière vérification des terres avec les reconnaissances du seigneur, une transaction fut enfin conclue le 9 décembre 1647 devant Me Gaspard de Sebin. La communauté paya comptant au baron de Saint-Geniès la somme de quatre mille livres et celui-ci se déclara satisfait.

Pour se procurer cette somme, on afferma pour cinq ans, les prix payés d'avance, le couratage, le four banier et même les herbages qui jusque-là servaient à la dépaissance commune ; désormais on paya un droit par tête de bétail.

IV. — LE PRINCE DE CONTI, SEIGNEUR

I. — Le prince de Condé mourut en 1646, laissant le comté de Pézénas à Armand de Bourbon, prince de Conti, son second fils.

Sous les Bourbon-Conti, le pays vit se réaliser cet adage : « Ne changeons pas de seigneur si nous en désirons un meilleur. »

De temps immémorial, les habitants avaient joui du droit de nommer leurs consuls. En 1646, Charlotte de Montmorency, qui gérait le comté de Pézénas pendant la captivité du prince de Conti, son fils, commença par imposer à la population de Pézénas le choix qu'elle avait fait elle-même du premier consul.

Douze ans plus tard (1658), ce choix forcé fut étendu à Montblanc. Le 25 avril, au moment où on allait procéder à l'élection consulaire, une lettre était remise dans laquelle le prince de Conti exprimait le désir de voir nommer premier consul Jean Crouzilhac. Deux ans après, il désigna les deux candidats qu'il désirait voir élire pour premier et second consuls : Jacques Pastre et Gaspard Baréjaire.

Les habitants n'avaient qu'à ratifier le choix fait par le seigneur ; ce n'est pas qu'ils n'éprouvassent quelque sentiment de révolte en voyant leurs anciennes franchises confisquées ; mais la crainte du seigneur, qui était de la famille royale, et par suite tout-puissant, imposait la sagesse.

Les princes de Conti firent percevoir par des intendants les droits seigneuriaux ; à partir de 1651, ils les mirent en adjudication ; le gros capitaliste Jean Richard et Jean Caussat s'en disputèrent longtemps la ferme ; pendant les dix dernières années du siècle, Jean Amiel en fut adjudicataire.

II. — Le pays, à cause de sa proximité avec la Catalogne, était souvent traversé par des troupes ou des soldats isolés qui se rendaient sur le théâtre de la guerre. Ces passages fréquents fournissaient beaucoup de pensionnaires à l'hôpital. Au mois d'octobre 1639, le régiment de Bordeaux laissa plusieurs malades dont trois succombèrent dans la semaine. Le village paya aussi son tribut à cette guerre : deux volontaires faisant partie de l'armée de Condé furent tués devant les forteresses d'Espagne.

Le passage des militaires fut cause d'un événement tragique qui impressionna vivement la population. Le 27 décembre 1653, un soldat du régiment de Balthasar se présentait chez Malinat, dont la maison était située au Jeu de paume, près la porte Riquet. Comme il n'avait pas de billet de logement, la femme refusait de le recevoir ; en présence des menaces dont elle était l'objet, elle sortit de la maison. Le soldat tira sur elle un coup de pistolet qui la tua sur-le-champ et blessa grièvement André Ville, qui se trouvait sur la place ; celui-ci succomba le 29 janvier suivant.

III. — La peste n'avait pas complètement disparu ; le curé Madailhe avait eu la douleur de voir deux de ses vicaires emportés par la maladie contagieuse ; il voulut établir dans la paroisse la *Confrérie du Rosaire*.

Le 9 août 1648, la pieuse association « fut érigée dans la chapelle de Notre-Dame, avec l'autorisation de l'évêque Clément de Bonsy, par le Père Bendit, religieux dominicain du couvent de Béziers. » Antoine Gouneau, originaire de Montblanc, prieur de Margon, écrivit les statuts qui sont arrivés jusqu'à nous et comprennent onze articles.

Les confrères s'engageaient à réciter le rosaire dans le courant de la semaine ; ils pouvaient le réciter en un seul jour, ou le partager en trois chapelets qu'ils récitaient en trois jours différents.

Le premier dimanche du mois était consacré à la sainte Vierge ; ce jour-là, les confrères assistaient à une messe célébrée à la chapelle, et aux vêpres qui étaient suivies d'une procession. Ils devaient en outre assister tous les dimanches à la récitation publique du chapelet dans l'église.

Le premier dimanche de janvier avait lieu l'élection des dignitaires, savoir : deux prévôts, qui, sous la direction du curé, régissaient la confrérie, la mère et les sacristines.

Les fonctions de la *mère* étaient de visiter les sœurs malades pour leur procurer les secours spirituels et même temporels, si c'était nécessaire ; de ramener la paix et la concorde entre les sœurs quand des inimitiés venaient à se produire ; de donner des avis convenables et de reprendre avec prudence, douceur et charité celles des sœurs qui tiendraient une conduite peu chrétienne.

La confrérie fut très nombreuse ; mais le chiffre des femmes était trois fois supérieur à celui des hommes.

IV. — Le curé Madailhe quitta Montblanc au mois de juillet 1652. *Martin Moncorier*, bachelier en théologie, lui succéda et occupa la vicairie perpétuelle jusqu'à la fin de 1658.

Moncorier eut à soutenir un double procès qui continua après son départ. La communauté s'était emparée des biens du bassin du Purgatoire ; le curé, gardien des intérêts spirituels de la paroisse, réclama devant le Sénéchal. La communauté, de son côté, le poursuivit parce qu'il « ne tenait qu'un secondaire, au lieu de deux, comme c'était l'usage. »

Un arrêt du Parlement de Toulouse, en date du 14 août 1658, condamna le curé à avoir deux secondaires pour le service de la paroisse et à restituer le prix de la pension du deuxième vicaire qu'il avait indûment perçu. Il condamna, d'autre part, la communauté à payer au curé de Montblanc une rente annuelle de vingt et une livres six sous, pour le délaissement des biens du bassin du Purgatoire (1).

La communauté fit appel de cette décision ; un nouvel arrêt (16 juin 1677) confirma celui de 1658. Un demi-siècle

(1) Malgré toutes les recherches, il n'a pas été possible de savoir en quoi consistaient ces biens du bassin du Purgatoire. Le compoix ne mentionne aucun bien-fonds sous ce titre. — S'agirait-il du jardin actuel du presbytère dont on aurait distrait une partie pour élargir une des deux rues voisines ? Le puits du presbytère était appelé le *puits del purgatory*. En août 1663, il fut curé et on constata qu'il avait de profondeur sept cannes et trois pans (14 m. 75 c.).

plus tard, cette affaire reparut devant le Parlement, qui fixa (31 janvier 1737) la rente à vingt livres seize sous pour la fondation d'une messe par semaine à raison de huit sous; le curé célébrait la messe le lundi à cette intention.

V. — *Jean Nauthon*, docteur en théologie, fut nommé vicaire perpétuel au commencement de février 1659. Il appartenait à une famille honorable de la localité dont certains membres étaient en possession de l'office de notaire et d'autres avaient occupé le consulat; cette famille a tenu un des premiers rangs dans le pays jusqu'à la Révolution.

Gaspard de Malefosse avait légué quinze cents livres à l'hôpital. Trente-cinq ans s'étaient écoulés et cette somme n'avait pas été réclamée en justice « à cause de la déférence des habitants pour le seigneur de Luc », qui était chargé de la payer. Une transaction fut signée devant Me Jean Riols, notaire à Montblanc (1), par les administrateurs de l'hôpital et François-Pierre de Thézan, seigneur de Luc, le 21 décembre 1660. La dette, augmentée de la moitié des intérêts, fut fixée à deux mille deux cent cinquante livres, payables en six annuités.

La communauté employa une partie de cette somme à la réparation de la maison de l'hôpital, l'autre partie à la réfection des murs du vieux cimetière et autres travaux, mais elle en paya exactement l'intérêt jusqu'à la Révolution.

En 1665, les biens de l'hôpital s'affermaient vingt-deux livres. La maison servait de refuge aux mendiants et vagabonds, nombreux pendant le dix-septième siècle. Le 22 mai 1671, vers dix heures du soir, des rixes s'y produisirent entre mendiants; Jean Riols, procureur de S. A. S. le prince de Conti, accouru pour les faire cesser, reçut un coup de couteau dont il mourut trois jours après; les malfaiteurs « ne purent être retenus et prirent la fuite. »

(1) J. Riols avait succédé à David Gasc le 1er juillet 1659.

Plus tard, la communauté chargea le valet de ville de « fermer le soir et d'ouvrir le matin l'hôpital, afin de contenir les vagabonds et gens sans aveu qui pourraient commettre des désordres pendant la nuit. » Cela n'empêcha pas que le crime se commît à l'intérieur ; le 7 décembre 1741, un vagabond, nommé Bertrand, y fut assassiné.

Le curé Nauthon avait bénéficié d'une ordonnance de visite du vicaire général Doulenne « réformant plusieurs points du service divin, et notamment supprimant le chant des Matines après les Vêpres. » Le Conseil général dénonça (18 mai 1664) à l'évêque l'ordonnance du vicaire général comme contraire à de précédentes ordonnances confirmées par arrêts ; l'évêque se défendit de vouloir rien innover, ni rien faire contre aucun arrêt ou autres actes.

Au printemps de 1665, la population, imitant certaines localités voisines, décida d'aller en pèlerinage à Mougères ; ce n'est pas qu'on voulût demander la cessation de quelque épidémie : les conditions hygiéniques n'avaient jamais été meilleures dans le pays (1).

Le 1er mai, le premier consul Jacques Nauthon, cousin du curé, réunit le Conseil politique : « Il est connu à chacun de vous, dit-il, le vœu qui a été fait d'aller en procession à Notre-Dame de Mougères pour prier Dieu ; auquel effet il serait juste de faire un présent aux Religieux. » Unanimement et d'une commune voix, il fut délibéré qu'on donnerait en présent trois mesures d'huile.

Le même jour, à la demande du curé, le Conseil prit une mesure destinée à étouffer une petite révolution qui venait de se produire. Il était d'usage que les jeunes filles nommassent une boursière chargée de faire la quête et de garder les fonds nécessaires pour l'entretien des torches qu'on portait aux processions. Cette année-là, « par malice

(1) On ne compta dans le courant de l'année que neuf décès.

ou par vengeance », les jeunes filles n'avaient pu s'entendre.

Le Conseil décida qu'à l'avenir on appellerait le vicaire (curé) le lendemain de la Pentecôte et qu'en sa présence on nommerait une boursière, laquelle serait tenue de faire les fonctions à peine de quinze livres d'amende. Comme les jeunes filles « faisaient licence d'exiger de l'argent des passants et des forains et que par ce moyen il se commettait des immodesties et des scandales », on jugea à propos de supprimer la quête et on chargea le trésorier de la Fabrique de donner cinq livres pour l'entretien des torches ainsi qu'un coffre pour les enfermer.

IV. — DÉVELOPPEMENT DE LA VIE COMMUNALE

I. — Depuis un demi-siècle l'esprit communal avait fait de grands progrès. La communauté voulut donner à ses premiers magistrats un signe distinctif de leur autorité. A sa demande, le prince Armand de Conti autorisa les consuls de Montblanc à porter le chaperon. Le 25 décembre 1655, Jacques Pastre et Pierre Nouguier assistèrent à la messe de minuit, revêtus pour la première fois de leur livrée consulaire ; ils étaient tellement pénétrés des devoirs de leur charge qu'ils s'écriaient : « Dieu nous fasse la grâce d'en user en paix ! »

Le Conseil général des habitants vota ensuite la construction d'une *maison commune*. On choisit pour emplacement l'endroit où se trouvaient les pressoirs vinaires. Le contrat d'adjudication des travaux, au prix de cinq cents livres, fut passé le 10 février 1664, devant Me Jean Cotte, notaire à Montblanc (1). Par suite de l'opposition faite par Jean Richard, propriétaire du château vieux, relativement à l'appui de la construction contre son mur et d'autres

(1) J. Cotte avait succédé en 1662 à J. Nauthon, notaire depuis 1647.

modifications apportées au devis, la dépense s'éleva à huit cents livres.

L'édifice, tel qu'il fut construit, comprenait deux parties distinctes : le corps principal servant de Maison de Ville et un local destiné à la boucherie communale. La Maison de Ville occupait la partie avoisinant la place publique ; la boucherie venait à la suite sur la même ligne.

II. — Le local de *la boucherie* avait une porte d'entrée ronde et un appartement au-dessus.

La communauté s'était réservé, dès les temps anciens, le monopole de la vente de la viande. La fourniture en était mise tous les ans à la moinsdite, c'est-à-dire était consentie à celui qui offrait de la vendre à meilleur marché. L'adjudication avait lieu dans le courant du mois de mars pour une année commençant à Pâques et finissant au dernier jour de carnaval; cependant depuis 1647 la boucherie était ouverte toute l'année.

En 1610, la fourniture de la viande avait été adjugée à Jean Cabassut, qui s'était engagé à vendre le mouton deux sous la livre et la brebis un sou et quatre deniers.

En 1653, Noël Palat, adjudicataire, vendait la livre de mouton deux sous huit deniers ; celle de bœuf un sou et six deniers ; celle de brebis un sou quatre deniers.

En 1697, Isaac Cariol, adjudicataire, vendait le mouton trois sous six deniers la livre ; la brebis, deux sous quatre deniers ; le bœuf et la vache deux sous ; le veau, trois sous six deniers.

En 1741, Guillaume Cariol, adjudicataire, vendait la livre de mouton quatre sous ; la livre de brebis trois sous ; celle de bœuf deux sous six deniers, et celle de vache deux sous.

En 1787, Jérôme Gondard, de Tourbes, adjudicataire, vendait le mouton six sous neuf deniers la livre ; la brebis, cinq sous ; la vache, trois sous neuf deniers.

On remettait à l'adjudicataire les balances avec les poids en bronze au nombre de sept.

III. — *La Maison de Ville,* séparée par un mur de la boucherie, était portée sur trois grands arceaux en pierre de taille de Nézignan, reposant sur de forts piliers solidement assis.

Le rez-de-chaussée, ouvert sur deux faces, servait de marché couvert et était entouré à l'intérieur de sièges en pierre.

L'appartement du premier étage, destiné aux réunions de l'assemblée communale, était éclairé par deux fenêtres du côté de la rue et une du côté de la place. Sous l'escalier qui y conduisait, se trouvait la prison et, au-dessus de l'escalier, un cabinet avec garde-robe, éclairé par une petite fenêtre ; la porte d'entrée, haute de neuf pans (2 m. 25 cent.), était tout près de la boucherie.

La construction faite en cairons de Saint-Pierre, bien et régulièrement taillés, avec un cordon à la hauteur du premier étage, malgré les remaniements qu'elle a subis depuis son aliénation en 1795, conserve encore sa physionomie.

Sur le linteau de la porte d'entrée, devaient, d'après le devis, être gravées les *armoiries du lieu.* Cela ne fut pas exécuté ; on voit bien certaines figures formées de lignes verticales tracées sur la pierre, mais il n'y a aucun reste d'écusson.

Il est regrettable que cette partie du devis n'ait pas été réalisée ; nous posséderions les armoiries authentiques de la Ville. Peut-être à ce moment la communauté n'en avait encore adopté aucune, si toutefois elle en a adopté plus tard.

L'armorial d'Hozier, rédigé au commencement du dix-huitième siècle, indique bien pour la communauté des habitants du lieu de Montblanc « d'azur au pairle lozangé d'argent et de gueules » ; mais on doit remarquer que ces armoiries, sauf en ce qui concerne les couleurs des diverses parties de l'écu, sont les mêmes pour la plupart des petites localités de l'ancien diocèse de Béziers.

Il est donc probable que la communauté de Montblanc n'avait pas d'armoiries particulières ; on n'en trouve, du reste, aucune trace dans les divers documents qui composent les archives municipales.

Le pilier qui soutient l'angle de la Maison de Ville, du côté de la place publique, porte encore, à la hauteur de un mètre cinquante centimètres, des entailles d'une forme toute particulière. C'est là, d'après le peuple, l'ancien *pilori.*

La justice royale de Montblanc ne connaissait pas des crimes pouvant entraîner condamnation à la peine du carcan ; cette connaissance était réservée au sénéchal criminel. La justice consulaire qui s'attribuait un droit illimité quand il s'agissait des délits de police voulut sans doute affirmer ce droit en établissant le pilori sur le mur de la nouvelle Maison de Ville.

Les jugements prononcés par la juridiction consulaire sont arrivés jusqu'à nous ; aucun ne porte condamnation à cette peine ; on peut donc conclure que le pilori de Montblanc est resté vierge jusqu'à ce jour.

IV. — La communauté s'était toujours préoccupée de l'instruction et de l'éducation des enfants, elle subventionnait les maîtres d'école. Les personnes possédant une instruction suffisante étaient nombreuses au commencement du dix-septième siècle ; il suffit de parcourir les procès-verbaux des réunions du Conseil général pour s'en convaincre.

En 1633, le Conseil politique vota au Régent des écoles « un gage annuel de trente livres, afin qu'il instruisît et formât à la vertu quatre garçons ou filles orphelins. »

Quand parut l'ordonnance du 13 décembre 1698, prescrivant qu'il fût établi dans toutes les paroisses des maîtres et maîtresses d'école pour instruire jusqu'à l'âge de quatorze ans, du catéchisme et des prières, les enfants dont les parents avaient abjuré le calvinisme, le Conseil général s'empressa de nommer une régente des filles. Depuis, le pays a toujours eu des écoles pour les deux sexes.

Les Régents des écoles étaient nommés par l'évêque sur la présentation du Conseil politique.

V. — La communauté avait fait des dépenses considérables. Outre la construction de la maison commune et d'un local pour placer les pressoirs vinaires, elle avait établi en 1662 un nouveau moulin à huile près de la porte d'Emblanc ; elle avait fait réparer le four banier (1662) et se proposait de racheter le droit de semanade dont jouissaient certains habitants ; elle voulait faire un nouveau canal pour amener l'eau avec plus d'abondance à la fontaine publique. Les revenus ordinaires consistaient dans la ferme des herbages de la garrigue (600 livres), du couratage (350 livres), des balances (40 livres), du four banier (215 livres), du moulin à huile (90 livres), des pressoirs vinaires (40 livres), du balayage des rues (3 livres), des carrières de la prairie basse (1) (40 livres) ; c'était insuffisant.

Elle dut songer à créer des ressources ; elle alla jusqu'à établir (4 janvier 1661) un impôt d'*habitanage* qui frappait les étrangers d'une capitation variant de deux livres dix sous à cinq livres, suivant l'ancienneté de leur résidence dans la localité et le montant de leur compoix ; les veuves et les orphelins en étaient exemptés.

(1) C'était une sorte de patus, moitié défriché, et moitié pré, où tout le monde avait droit de passer, à condition de mettre un moural aux bêtes tant que les foins n'étaient pas enlevés.

Combien produisit cet impôt odieux? fut-il même sérieusement appliqué? Les registres sont muets sur ce point.

Le seul impôt pouvant donner une recette certaine et appréciable c'était *l'imposition*, calculée d'après le revenu terrier porté au compoix. Le chiffre de cette imposition variait selon les besoins de la communauté. On joignait sa perception à celle des deniers royaux et tous les ans la levée était mise à la moinsdite. En 1667, la levée était faite moyennant douze deniers par livre; en 1692, le collecteur exigeait quatorze deniers; en 1705, le droit de levure n'était que de huit deniers.

Le système de l'adjudication fut ensuite abandonné; on établit les collecteurs forcés, hommes honorables, choisis par le Conseil général, qui faisaient la levée au taux fixé par les ordonnances et sous leur propre responsabilité.

Au commencement de l'année 1666, la dette de la communauté montait à dix-neuf mille sept cents livres. Le Conseil politique, soucieux de l'intérêt public et s'appuyant sur la déclaration du roi, décida de réduire les créances au denier vingt, c'est-à-dire de les convertir en rentes constituées au taux de cinq livres pour cent livres et remboursables quand les finances communales le permettraient. Une partie des créanciers ne voulurent pas accepter cette conversion; la communauté emprunta huit mille cinq cents livres pour les rembourser.

VI. — Depuis douze ans, le pays subissait la volonté des princes de Conti, relativement à la nomination des consuls. Le droit d'élection était illusoire, puisque le Conseil général des habitants devait ratifier le choix fait par le seigneur.

A partir de 1668, le prince Louis-Armand de Conti accorda à la communauté, non pas l'élection directe, telle qu'elle existait autrefois, mais le droit de lui présenter une liste de trois candidats pour chaque rang de consul, sur laquelle il choisissait celui qu'il lui plaisait (à peu près toujours le premier inscrit).

Le Conseil général se réunissait quinze jours avant le 25 avril, nommait les six candidats qu'il proposait au choix du seigneur et, quand arrivait le jour de l'élection, il se réunissait encore et déclarait nommer et confirmer ceux que le prince avait désignés. Les consuls nommés à la suite de la première présentation furent André Riquet et Etienne Caron.

VII. — A la révocation de l'édit de Nantes, le curé Nauthon fut délégué par l'évêque pour recevoir l'abjuration des protestants de la localité. Il résulte des registres de la paroisse que, le 14 octobre 1685, seize personnes du pays, dont neuf chefs de famille (1), « abjurèrent solennellement l'hérésie de Calvin et autres hérésies et promirent d'embrasser, garder et religieusement observer la religion catholique, apostolique et romaine, de vivre et mourir dans ladite Eglise et d'observer ses saints commandements et coutumes. » Le 21 du même mois eut lieu l'abjuration de cinq personnes, originaires de Bédarieux, se trouvant à Montblanc à titre de domestiques.

Attachés au sol par leurs propriétés et la plupart d'entre eux possesseurs d'une certaine fortune, les protestants de Montblanc ne se montrèrent pas ardents défenseurs de leurs doctrines ; les recherches faites dans tous les livres de l'époque n'ont amené la découverte que d'un seul émigré : « Jean-Jacques Sabatier, fugitif hors du royaume

(1) Noms des protestants qui abjurèrent :
Pierre de Serre et Jeanne Richard, sa femme.
Jean Sabatier et Louise de Boniîlies, sa femme.
Veuve Jean Sabatier ; Daniel Fouquet ; Gaspard Fabre.
Claudine Rieusset, veuve Paul Fouquet, et ses trois filles.
Judith Fabre, veuve Besse, et ses deux enfants.
Marguerite Daubin, femme Jean Sabatier (fugitif).
Marguerite Ferrière, veuve Savy.

pour fait de religion. » (Minutes de Nauthon. 8 janvier 1693.)

De ce moment, les protestants convertis fusionnèrent pour les unions avec les anciens catholiques ; les principaux d'entre eux se firent ensevelir dans l'église. Quelques années après, on pouvait dire dans une réunion du Conseil politique que les abjurants « avaient embrassé sincèrement la religion catholique et que, par suite, il n'y avait dans le pays, grâces à Dieu, que de vrais et sincères catholiques. »

VIII. — Le curé Nauthon fut nommé à Bédarieux au commencement de l'année suivante. — *André Milhau*, bachelier en théologie, lui succéda (février 1686).

Pendant l'année 1693, une épidémie s'abattit sur le village et occasionna trente-six décès ; l'année suivante, on en compta soixante-douze, dont cinquante-six dans le premier semestre.

C'était la troisième fois depuis le commencement du siècle, en dehors de la période où la peste avait sévi, que la localité était sérieusement atteinte par les épidémies. En l'année 1622, la petite vérole avait fait cinquante-cinq victimes ; en 1666, elle en avait fait quinze dans le seul mois de novembre.

Ces ravages tenaient à la conformation du village, qui était renfermé dans de hautes murailles et dont les rues étroites étaient mal aérées. L'état sanitaire s'aggravait par la tolérance de « nombreux creux pratiqués dans les rues, où l'on mettait du fumier à pourrir. » Ces creux recevaient en outre les eaux pluviales et ménagères, « ce qui causait une saleté et une incommodité continuelles. »

Il existait bien un Conseil de santé, qui fonctionnait pendant les épidémies ; mais, le danger passé, le Conseil disparaissait aussi.

Pendant la peste (1634), le Conseil général avait voté le

pavadement et caladement des carrières (pavage des rues) et des places publiques, parce que « le lieu était grandement boueux, les eaux pluviales n'ayant pas un écoulement suffisant. »

Trente ans plus tard, le pavé était usé ; le Conseil général vota (novembre 1663) le repavage des rues. Chaque propriétaire dut, « dans un délai de quinze jours, charrier les pierres, le sable de la qualité requise et en quantité suffisante pour paver l'espace correspondant à la façade de sa maison, sous peine d'une amende de cent sous, distribuable par moitié aux pauvres, et de voir leurs meubles saisis et vendus jusqu'à concurrence de la somme nécessaire pour payer les frais des travaux. » Quant aux « espaces communs, tels que la place du marché, le circuit de l'église et les carrefours », la communauté en fit la dépense.

La communauté tenait aussi à la conservation des murailles et des portes de la Ville, bien qu'elles n'eussent plus qu'un intérêt archéologique. En 1692, elle fit réparer la muraille sur une longue étendue du côté du moulin neuf ; elle fit aussi réparer les quatre portes qui menaçaient ruine. On « couvrit la porte du Jeu de ballon à environ trois cannes de tour carrées ; on recouvrit le dessus des portes d'Emblanc et de la Coste et on remit à la crotte de la porte dite de Riquet les pierres nécessaires. »

Personne n'était autorisé à faire des ouvertures dans les murailles ; certains cependant avaient fait, sans permission, « des fenêtres donnant vers la campagne. » Quand la peste éclata à Marseille (1720), le Conseil politique, craignant que le fléau arrivât dans la contrée, s'empressa de les faire fermer.

La même année, un arrêt du Parlement de Toulouse ordonna l'établissement d'un Conseil de santé composé du bailli, du substitut du procureur du roi, du curé et de trois notables (7 août 1720).

IX. — Au mois d'août 1692, Louis XIV institua des offices de *Maire*, comme il avait déjà institué des offices de greffier consulaire, afin de se créer des ressources ; les titulaires étaient nommés à vie.

Le maire représentait l'autorité royale ; il présidait aux élections, assistait aux délibérations de l'assemblée communale, prenait part à toutes les affaires de la Ville : impositions de deniers, adjudications, marchés, etc., etc. Ses attributions diminuaient celles des consuls ; aussi cette institution fut mal accueillie par les populations, attachées à leurs vieilles franchises.

La communauté fut forcée de faire l'acquisition de ces charges ; elle acheta l'office de greffier consulaire au prix de 825 livres ; celui de maire au prix de 992 livres ; celui de lieutenant de maire au prix de 350 livres. Les fonds manquaient ; on dut faire des emprunts qui pesèrent sur les finances communales jusqu'à la Révolution.

Bernard Julien, premier maire, nommé le 22 novembre 1693, demeura « commissaire du roi et maire perpétuel » jusqu'à sa mort, survenue le 3 juillet 1704.

Les communautés ayant été investies du droit de choisir le maire, la charge fut donnée au premier consul, qui dès lors prit le titre de « premier consul et maire électif. » Il en fut ainsi pendant quarante ans ; les charges étaient tellement confondues que le premier magistrat de la localité cessa de prendre le titre de maire pour ne garder que celui de premier consul. En 1708, on créa le titre de « maire mi-triennal », ce qui fut l'objet d'une nouvelle dépense pour la communauté.

X. — Sur la fin du dix-septième siècle, de nombreuses « *confréries de la Charité* pour le service des pauvres malades » s'établirent dans le diocèse. L'évêque désigna le supérieur des Prêtres de la Mission de Béziers pour les surveiller et vérifier leurs comptes.

Montblanc eut sa confrérie de la Charité ; le registre primitif est arrivé jusqu'à nous.

La confrérie était placée sous la direction du curé. La nomination des dignitaires et officiers avait lieu le premier dimanche de l'année. « Les confrères et confréresses étaient convoqués au son de la cloche ; on commençait la réunion en implorant les lumières de l'Esprit-Saint ; ensuite, le curé donnait lecture du règlement », enfin on procédait à l'élection d'une supérieure, d'une trésorière, d'une garde-meuble et d'un recteur ou procureur.

La supérieure avait l'initiative des visites aux malades et des secours à distribuer. La trésorière était chargée de faire les quêtes dans l'église et de garder le coffre où se trouvaient déposés les deniers de la confrérie. Ce coffre avait deux clefs, dont l'une était en la possession du curé et l'autre entre les mains de la supérieure.

La garde-meuble veillait à la conservation du linge et autres objets qu'on prêtait aux malades pauvres.

Le recteur ou procureur de la Charité était chargé de faire les diligences nécessaires pour le recouvrement des créances.

Les revenus de la confrérie se composaient du produit d'un tronc placé dans l'église, d'une quête que l'on faisait le dimanche à la sortie des offices, de divers dons en nature ou en espèces, de legs, soit en argent, soit en immeubles, soit en rentes assurées sur des propriétés (1).

La confrérie faisait surtout des distributions en nature : pain, viande, médicaments, linge ; elle payait les honoraires des médecins et les fosses des pauvres.

Elle faisait aussi le prêt gratuit sur billet ; elle prêtait aux

(1) Recepte de l'argent venant des quêtes, dons et légats faits à la Confrérie de la Charité. Registre de 1702.

petits propriétaires jusqu'à la récolte, aux ouvriers malades jusqu'à leur rétablissement.

Les revenus de la confrérie s'élevaient en 1708 à quatre-vingt-huit livres ; en 1725, ils étaient de deux cent soixante-quatre livres ; en 1769, il y avait dans le coffre deux cent quatre-vingt-deux livres en espèces et deux cent quarante-cinq livres en billets.

Gaspard Rouquet, docteur en médecine à Pézénas, légua à la confrérie, en 1710, six pièces de terre d'une contenance totale de quinze sétérées. « Le terrain était en friche », le bureau de la confrérie jugea plus avantageux de le donner en locaterie (location) perpétuelle pendant la vie des humains, moyennant une rente de trente-deux livres, payable à la Noël. Quelques années plus tard (1736), il donna encore en location perpétuelle deux autres terres, moyennant une rente de neuf livres (1).

La plupart des locataires perpétuels ne furent pas exacts à payer la rente ; le recteur de la Charité fut obligé souvent de les poursuivre en justice ; le bureau, à plusieurs reprises, dut faire remise à certains d'entre eux d'une partie de leur dette.

La confrérie était nombreuse ; mais elle comptait peu d'hommes.

(1) Rôle de la dépense et arrêtés des comptes de la trésorière de la Confrérie de la Charité. Registre de 1702.

CHAPITRE QUATRIÈME

Dix-huitième Siècle

I. — LES PRINCES DE CONTI, SEIGNEURS

Le comté de Pézénas était passé, en 1666, de Armand de Bourbon, prince de Conti, à son fils, Louis-Armand, qui mourut sans postérité en 1695. François-Louis de Bourbon, prince de Conti, succéda à son frère et posséda le comté jusqu'en 1709.

I. — Le curé Milhau mourut le 12 mars 1702, à l'âge de cinquante-huit ans, « après avoir reçu les sacrements avec una grande édification. Il fut enseveli dans le chœur de l'église et devant le grand autel. »

Jean Michel, secondaire du curé défunt, fut nommé à sa place par le Chapitre de Saint-Nazaire, à ce moment vrai collateur de la vicairie, le siège épiscopal se trouvant vacant.

Par suite d'un revirement, dont on ignore le motif, le Chapitre refusa de lui expédier le titre et nomma vicaire perpétuel Guillaume Bonnerie, vicaire à la paroisse Saint-Ferréol.

Michel, se voyant évincé, porta l'affaire devant le Parlement de Toulouse. Un arrêt du 20 juin 1702 lui permit de prendre la possession civile de la vicairie, ce qu'il fit effectivement ; ensuite il s'adressa au sénéchal de Béziers pour demander, contre Bonnerie, d'être maintenu dans le plein possessoire de la vicairie. A la veille du jour où le jugement allait être rendu, Bonnerie, peu certain de son droit, se retira.

Le Chapitre nomma alors Guillaume Mengau, qui prit possession le 1er octobre 1702. Michel porta de nouveau l'affaire devant le Parlement et obtint deux arrêts, qui lui adjugèrent par provision les fruits de la vicairie.

Sur ces entrefaites, l'évêque des Alrics de Rousset prit possession du siège épiscopal de Béziers. Ayant reconnu incontestable le droit de Michel, « en vertu de son pouvoir il lui fit don de la vicairie » et lui expédia le titre le 25 février 1704.

L'évêque de Béziers vint faire la visite pastorale le 15 mai 1705 : il vérifia les comptes de la confrérie de la Charité.

Au mois de décembre, la petite vérole fit encore son apparition ; on compta dix-huit décès dans l'espace de quelques semaines.

L'hiver de 1708-1709 fut très rigoureux ; le froid tua les vignes et les oliviers, « la récolte des grains fut emportée par des vents glaciaux qui gêlèrent les froments », le blé se vendit jusqu'à vingt livres le sétier.

A la suite des froids et des privations occasionnées par la misère, de nombreuses maladies se déclarèrent dans le midi de la France. Montblanc leur paya son tribut, le chiffre de la mortalité fut double du chiffre ordinaire.

II. — A ce moment, les mœurs étaient foncièrement chrétiennes : la sanctification du dimanche était en honneur ; les populations, aux jours d'épreuve, se tournaient vers Dieu et imploraient son secours ; les habitudes domestiques étaient sévères et le vice hautement flétri ; le scandale était rare et quand il se produisait, il se cachait, d'ordinaire, sous le voile de l'anonyme. Pour sauver son honneur, la mère « exposait son enfant », mais des mains pieuses s'empressaient de le recueillir.

Le 2 novembre 1671, les époux Bruguière traversant la place, vers minuit, avaient « trouvé sur le degré de la maison de Lazubertariès » un nouveau-né qualifié, dans l'acte de baptême, d'enfant du péché (*filia iniquitatis*). La population témoigna sa sympathie à la pauvre créature et voulut lui donner un nom de famille ; on l'appela Toinette de la Place.

Au commencement du dix-huitième siècle, un relâchement passager, dont on ne peut à distance connaître la cause, se produisit dans la moralité.

Le 2 décembre 1729, l'administration de l'hôpital vota la somme de cent livres à une honnête famille, pour élever, jusqu'à l'âge de douze ans, un enfant abandonné.

Le pays n'échappa pas à la contagion dont le foyer était à la cour de Louis XV. Ceux qui tenaient le premier rang dans la localité ne furent pas irréprochables ; mais on eut la satisfaction de voir l'un d'eux, afin de réparer l'outrage fait à la morale, ne pas hésiter à introduire dans le Château, pour son épouse légitime, une fille sortie des rangs du peuple (9 décembre 1749).

III. — La communauté, s'inspirant de l'intérêt général, avait conclu le 22 novembre 1700, avec le prince François-Louis de Conti, un bail à ferme perpétuelle pour les usages, censives, lods et généralement tous droits seigneuriaux que le prince percevait comme seigneur engagiste de Montblanc, ainsi que pour le greffe de la justice royale et pour la taille ou queste annuelle de vingt livres qui était faite au dit prince. Cet abonnement fut conclu devant Me Jalobert, notaire à

Pézénas, moyennant une rente de mille livres, payable par moitié, le 1er janvier et le 15 août de chaque année.

La convention ne fut approuvée par les commissaires royaux qu'en 1708. En attendant qu'elle devînt définitive, la communauté donna à ferme la perception de ces divers droits, mais elle n'exigeait que la troisième partie des droits anciens, « faisant don et grâce des deux autres tiers » aux possesseurs ou acquéreurs de biens relevant de ce fief.

Par suite de cet abonnement, les revenus de la terre appelée la *Condamine du Roi* appartinrent à la communauté. Le 22 août 1706, cette terre fut affermée moyennant la somme de quatre cent dix livres et une charretée de vingt-cinq quintaux bon foin, rendue chez le comte de la Valette, intendant à Pézénas. La communauté afferma aussi le greffe de la justice royale à Jean Nauthon pour une somme de vingt-quatre livres, ce qui diminua de près de moitié la rente qu'elle payait pour l'abonnement.

Dès que la convention avec le prince de Conti fut approuvée, la communauté traita avec les autres possesseurs de fiefs et directes existant sur le territoire.

1° L'évêque de Béziers possédait un fief qui s'étendait sur le territoire de Valros. Le 13 septembre 1708, par acte reçu Me Mouton, notaire à Béziers, l'abonnement fut conclu moyennant une rente de cent livres, payable le 1er janvier. En retour, l'évêque abandonna à la communauté les censives qu'il percevait sur Valros.

La communauté de Valros traita avec celle de Montblanc pour l'abonnement de ces censives le 21 novembre 1717, devant Me Antoine Nauthon, moyennant une rente de vingt-quatre livres.

2° La chapelle de Saint-Martin possédait un fief, dont nous avons déjà parlé. La communauté traita devant Me Antoine Nauthon, le 17 juin 1711, avec le chapelain

François de Chalvet, moyennant une rente de soixante livres, payable le 1er janvier.

3° L'abbaye des Dames du Saint-Esprit de Béziers, de l'Ordre de S.-Augustin, possédait à Rebourgade un fief qui, en 1633, s'arrentait six sétiers blé, évalués vingt-quatre livres. La communauté traita avec l'abbesse Isabelle de Martigny devant Me Antoine Nauthon le 24 octobre 1712 pour l'abonnement, moyennant une rente de soixante-cinq livres, payable dans le couvent le 1er janvier.

4° L'hôpital de Montblanc possédait un fief, dont nous avons parlé. La communauté traita, par acte reçu Me Ant. Nauthon le 3 avril 1715, avec les administrateurs pour l'abonnement de tous droits, moyennant une rente de vingt livres, payable le 1er janvier.

5° Le Chapitre de Notre-Dame de Cassan possédait un fief comprenant les terres situées entre la limite des terrains de Montblanc et de Valros et le chemin allant de Valros à Saint-Pierre d'Erignan, s'étendant sur les deux rives du rec d'Erignan (1). Une reconnaissance de ces terres en faveur de l'Infirmier du Chapitre de Cassan, faite les 1er mai, 1er juin, 26 juillet 1456 par-devant Me Durand, notaire à Servian, avait été renouvelée devant Me Antoine Nauthon, notaire à Montblanc, le 15 mars 1705 ; les usages et censives étaient payés en nature orge et blé le jour de S. Nazaire. La communauté traita le 18 décembre 1716, avec le syndic du Chapitre, pour l'abonnement de tous droits devant Me Nauthon, moyennant une rente de huit livres, payable le 1er janvier (2).

Ces divers contrats d'abonnement, dûment approuvés

(1) Par corruption, on en a fait *le rec de Ligno.*

(2) Le Chapitre de Cassan était aussi propriétaire de la métairie de S.-Bauzille, située sur la paroisse de Clairac. L'église de *Clairac,* dédiée à S. Michel, est demeurée paroissiale jusqu'en 1789. En 1690, Jean Ville en était prieur ; en 1718, c'était Jean Berthomieu.

par les commissaires royaux, demeurèrent en vigueur jusqu'à la Révolution.

Les emphytéotes des terres féodales furent dès lors affranchis du paiement de tout droit à l'égard des possesseurs de directes, la communauté s'était chargée de leur dette. Ces terres furent allivrées, c'est-à-dire soumises à la taille. Les propriétaires de terres libres durent contribuer à payer les rentes d'abonnement. C'était déjà du socialisme; mais comme il s'agissait de l'intérêt général, personne ne protesta.

Quand l'Assemblée nationale décréta la déclaration des biens privilégiés en 1790, ce travail fut vite exécuté à Montblanc; de fait, il n'en existait presque plus; les possesseurs des anciens fiefs se contentèrent de déclarer le chiffre de la rente qu'ils percevaient en vertu de leurs contrats d'abonnement et les anciens emphytéotes furent considérés comme vrais propriétaires.

IV. — La famille de Saint-Geniès possédait toujours le château de Montblanc et les terres qui en dépendaient. Pierre de Thézan, seigneur et marquis de Saint-Geniès, fils d'Hercule de Thézan, vendit en 1691 une terre située à la Condamine; Jacques de Maussat, seigneur et marquis de Saint-Geniès, époux de Marie-Claire de Thézan, vendit en 1710 un champ situé à Rebourgade; le 17 avril 1711, il donna à ferme ses biens avec les bâtiments nécessaires à leur exploitation, moyennant sept cent quarante-trois livres. Le fermier ne dut pas se conduire en bon ménager, puisque, en 1718, plusieurs terres se trouvaient incultes; le collecteur forcé vendit un champ de quatorze sétérées, situé à Rotocos, pour se payer de la taille de l'année précédente, montant à huit cent trente-neuf livres.

Le 21 mars 1720, les biens du marquis de Saint-Geniès furent affermés à moitié pour une durée de six années. A ce moment on voit apparaître le papier-monnaie ; une quittance délivrée le 13 mai 1720, par la demoiselle Catherine Archimbaud, gérante des écoles de filles, nous fait connaître qu'un billet de cent livres de la banque royale daté du 1er janvier précédent et portant le n° 478.401 lui fut donné en remboursement d'une somme prêtée.

Le château et les biens du marquis de Saint-Geniès furent vendus à Dame Elisabeth de Surirey, de Saint-Rémy, veuve de René Lemoine, seigneur de Margon, qui mourut à Montblanc le 28 avril 1748, à l'âge de soixante-dix ans, et fut ensevelie au cimetière de la paroisse.

Ses enfants, Michel-Auguste et Camille Lemoine, vendirent à divers habitants de Montblanc le château et les terres ; en 1758, il ne leur restait qu'une maison et un jardin situés à las tanes.

Michel-Auguste Lemoine s'était marié avec Anne Malefosse, de Montblanc ; celle-ci mourut le 27 mars 1754, à l'âge de quarante ans.

V. — La sécheresse se faisait sentir depuis quelque temps. En 1719, on s'aperçut, « plus d'un mois avant l'époque de la moisson, que la récolte diminuait sensiblement à cause du manque de pluie ; on estima à propos d'en demander à Dieu par des prières publiques (1). »

Ces prières n'ayant pas obtenu leur effet, le premier consul, Jacques Pastre, dans la réunion du 25 juin, s'adressant au peuple, lui disait : « Le Seigneur ne nous a pas trouvés dignes d'une si grande faveur ; par un juste jugement de sa Providence, la stérilité de cette année a renchéri sur celle des années précédentes. Notre pays a beaucoup plus souffert que les pays voisins. Nous devons donner

(1) Ordinairement, quand on demandait la pluie, on allait en procession à l'église de S.-Adrien, située au territoire de Servian. *S.-Adrien* était un prieuré ; il figure sur le rôle des décimes de 1322 pour une taxe de trois livres. En 1707, Me Mariotte en était prieur.

connaissance d'un si grand malheur à M. le Syndic du diocèse, afin qu'il nous accorde un secours proportionné à l'étendue du mal. »

Le syndic demanda une évaluation des dommages et accorda une remise importante. Il fit de même en 1721, quand le froid tua encore les oliviers et, en 1724, quand la Tongue déborda et occasionna beaucoup de dégâts. La sécheresse fut encore grande en 1720 et en 1723 ; on fit chaque fois des prières publiques.

Cette sécheresse, qui désolait trop souvent le pays, avait porté les propriétaires à chercher une culture plus résistante ; on planta le mûrier.

Le mûrier était presque inconnu au commencement du dix-septième siècle ; le compoix de 1603 n'en fait aucune mention. A cette époque, il existait du côté de la Tongue, principalement à Prat-Lausso, quelques chènevières (cambinieros), dont le produit servait à confectionner le linge de ménage ; c'est pourquoi le pays comptait un certain nombre de tisserands. Au milieu du siècle, la culture du mûrier était générale. On trouve encore sur certains points du territoire quelques troncs isolés portant péniblement le poids des années et poussant à peine quelques tiges.

L'élevage des vers à soie donnait des revenus satisfaisants ; les cocons étaient vendus à des filateurs étrangers.

En 1723, « un industriel de Clermont-Lodève vint établir une manufacture de fileuses. » La population féminine préféra ce travail au travail pénible de la terre. Neuf mois plus tard, un autre industriel venait établir une seconde filature. Le Conseil général demanda à l'Intendant de refuser l'autorisation. « Attendu, dit-il, que si cette manufacture était soutenue, il ne se trouverait pas la quatrième partie des femmes nécessaires pour cultiver la terre ; le village n'est composé que de six-vingts familles et néanmoins son territoire est très considérable. »

Cette démarche du Conseil eut pour effet d'empêcher l'industrie de la soie de s'établir dans le pays ; mais elle eut l'avantage inappréciable de préserver la population ouvrière de Montblanc de la dépression physique et morale qu'occasionne trop souvent la vie de l'usine et de lui conserver la vigueur de constitution qui la caractérise.

VI. — Depuis longtemps, aucune réparation n'avait été faite à la maison presbytérale ; le Chapitre, à qui incombait l'entretien, s'en désintéressait. La façade du côté de la voie publique menaçait ruine.

La communauté n'était pas disposée à prendre à sa charge cette dépense ; enfin, le Conseil général vota la réfection de la façade le 10 avril 1719 ; mais il ne se pressait pas d'en faire dresser le devis. « Le péril de la ruine totale de la maison était imminent. » L'évêque rendit une ordonnance portant interdiction de l'église si les réparations nécessaires n'étaient exécutées. En 1723, on réédifia la façade telle qu'elle existe actuellement.

La petite cloche appelée *la Mandarelle*, destinée à sonner les messes basses, était hors d'usage. Une nouvelle fut bénite le 14 mai 1724 et placée dans le campanile élevé sur le côté droit de l'arcade du chœur, où elle se trouve encore.

VII. — La même année eut lieu l'établissement *de la confrérie des Pèlerins*. Dix pieux chrétiens qui avaient fait le pèlerinage à Saint-Jacques de Compostelle se réunirent et en dressèrent les statuts (1).

Le règlement, comprenant vingt-cinq articles, fut

(1) Les fondateurs de la confrérie furent : Jean Fourcail, premier prévôt, Etienne Parroutou, Antoine Louvié, Pierre Bonafé, Martin Bertrand, Gaspard Arnaud, François Fournié, Jean Fourcail fils, Jean Revel et Joseph Bouisset.

approuvé par l'évêque des Alrics du Rousset, le 16 mai 1724 ; le registre primitif est arrivé jusqu'à nous.

Nul ne pouvait être admis dans la confrérie s'il ne justifiait d'avoir fait le pèlerinage à Saint-Jacques, en produisant le certificat délivré par le supérieur du sanctuaire de Compostelle. Cette disposition demeura toujours en vigueur et aucune dispense n'était accordée.

Au départ d'un postulant pour faire son pèlerinage, tous les membres de la confrérie l'accompagnaient en procession jusqu'à la croix appelée encore *Croix des Pèlerins*, et allaient le recevoir de la même manière.

La confrérie célébrait deux fêtes : SS. Philippe et Jacques (1er mai), qui était la fête principale, et S. Jacques le Mineur (25 juillet). Tous les confrères étaient tenus, sous peine d'amende, d'assister ces jours-là, en costume de pèlerin, à la Messe et aux Vêpres, qui étaient suivies d'une procession.

Le jour de la fête principale on nommait à l'élection deux prévôts chargés de gouverner la confrérie ; ils entraient en fonctions après avoir prêté, entre les mains du curé, le serment « de faire le devoir de leur charge en Dieu et conscience. » On nommait aussi deux maîtres des cérémonies, chargés de maintenir l'ordre dans les processions.

Outre la sanctification de ses membres par la pratique des vertus chrétiennes, la confrérie avait pour but leur secours mutuel. Les confrères dans la nécessité ou ne pouvant gagner leur vie étaient secourus sur les fonds de l'association et aidés par des quêtes faites auprès des confrères aisés.

Quand un confrère était sérieusement malade, les prévôts désignaient deux membres pour l'assister ; le malade, de son côté, était tenu de faire son testament et de recevoir les derniers sacrements ; s'il refusait, on était délié de toute obligation à son égard.

Au décès d'un confrère, la compagnie assistait en costume à la sépulture ; au retour, elle suivait le deuil jusqu'à la maison mortuaire. Ce jour-là, chaque confrère devait réciter à l'intention du défunt les sept Psaumes de la Pénitence avec les Litanies des Saints ; ceux qui ne savaient pas lire devaient réciter le chapelet de Notre-Dame ; en outre, les uns et les autres devaient réciter cinq *Pater* et cinq *Ave Maria* en l'honneur des cinq plaies de Notre-Seigneur et sept *Ave Maria* en l'honneur des sept allégresses de la sainte Vierge.

Le confrère qui, le dernier, avait fait le pèlerinage à Saint-Jacques, jouissait du privilège de porter la bannière le jour de la Fête-Dieu. Quand, plus tard, on eut acheté, avec le produit d'une souscription, un grand Christ pour les processions, on mit aux enchères l'honneur de le porter pendant toute l'année ; ce pieux monopole donnait un revenu de deux à cinq livres par an.

La confrérie se maintint longtemps dans sa première ferveur, grâce à l'observation rigoureuse du règlement. Les infractions étaient sévèrement punies, les amendes exactement encaissées ; en 1751, l'assemblée autorisa le premier prévôt à poursuivre devant toutes cours sept confrères qui refusaient de payer l'amende à laquelle ils avaient été condamnés pour n'avoir pas assisté aux vêpres le 25 juillet 1749.

Malgré la rigueur du règlement, on compta vingt-trois nouvelles admissions dans le cours des dix premières années ; on en compta quarante-sept dans le demi-siècle suivant.

En s'établissant, la pieuse fraternité choisit « comme autel votif le maître-autel, en attendant qu'elle eût les moyens de faire construire une chapelle particulière hors de l'église. » Son désir ne pouvant se réaliser, elle s'installa dans la chapelle des Onze mille Vierges, où elle est restée jusqu'à son extinction.

VIII. — L'harmonie ne fut pas toujours parfaite entre le curé Michel et les administrateurs de la Fabrique. Au milieu de l'année 1731, le curé fit assigner le marguillier-trésorier devant le sénéchal afin de l'obliger à lui « fournir le luminaire, les hosties et le vin de burettes pour le service divin des dimanches et fêtes. » Le Conseil, considérant que l'usage contraire existait de temps immémorial, refusa : il eut raison devant les juges.

Le curé prit occasion d'un changement introduit cette année-là dans l'administration communale, dont nous parlerons bientôt, pour demander que l'élection du marguillier-trésorier eût lieu dans l'église, comme cela se pratiquait à la cathédrale, car « s'il était facile de trouver dans un Conseil général des gens honorables, on était exposé, dans un Conseil politique, à voir nommer des gens qui ne conviendraient pas. » Le Conseil s'adressa au sénéchal pour faire prononcer la maintenue de son droit ; il eut encore raison.

L'évêque des Alrics de Rousset vint pour la troisième fois faire la visite pastorale le dimanche qui suivit le 6 avril 1733. A la suite de cette visite, Michel demanda à être déchargé de divers titres, documents et comptes appartenant à l'œuvre de la Fabrique. Le Conseil vota l'achat d'un coffre à trois clefs dont l'une serait entre les mains du curé, une autre entre les mains du premier consul et la troisième entre les mains du juge du lieu. Ce coffre était le précurseur de l'armoire à trois clefs qui devait être imposée par le décret du 30 décembre 1809.

L'année suivante, le curé acheta une aube, une chape, une chasuble « d'une beauté à faire honneur au service divin », sans consulter le bureau de la Fabrique. Les formes n'ayant pas été observées, le Conseil décida que le trésorier se rendrait avec le curé à Béziers et à Pézénas afin de s'informer du prix de ces objets.

Après un pareil acte de suspicion, Michel devait à sa dignité de se retirer ; il quitta Montblanc à la fin de juillet 1734.

IX. — A cette époque, la nation était identifiée avec la monarchie et le peuple s'associait à tous les événements heureux ou malheureux qui concernaient la famille royale. Le roi Louis XV fut à deux reprises gravement malade (1727-1744) ; chaque fois, des prières avec exposition du Saint Sacrement eurent lieu dans la paroisse pour demander sa guérison.

La naissance du Dauphin, en 1729, fut un sujet de grandes réjouissances ; afin de « donner une preuve éclatante de la part qu'il prenait au bonheur de l'Etat », le Conseil politique vota cent quatorze livres pour les frais de la fête. Il en fut ainsi, jusqu'en 1781, chaque fois que la Providence donna un héritier au trône.

Les succès des armées françaises ne laissaient pas insensible le patriotisme des habitants ; les principales victoires étaient célébrées par des *Te Deum* et des feux de joie. La communauté fut heureuse, en 1744, de fournir quatre mulets harnachés pour les troupes royales, et, en 1747, de fournir une charrette attelée de trois mules pour le transport des vivres à l'armée de Provence.

II. — CHANGEMENTS DANS L'ADMINISTRATION COMMUNALE

I. — Le 28 octobre 1731, le prince Louis-François de Conti, qui avait succédé à son père dans la possession du comté en 1727, substitua au Conseil général des habitants un Conseil politique composé de six membres électifs, des consuls en charge, du curé et du syndic des habitants forains.

Ce Conseil devait se renouveler par moitié tous les ans ; l'élection était faite par la partie qui restait en exercice.

Le prince de Conti nomma pour la première fois les six membres électifs et il les choisit parmi les hommes honorables du pays ; les nouveaux élus prêtèrent serment, entre les mains du premier consul, « de bien et dûment remplir leurs fonctions. »

Par suite de la suppression du Conseil général, la population se trouva moins associée à l'administration de la communauté. Ce n'était plus le peuple réuni qui désignait les candidats au consulat ; ce choix était réservé au Conseil politique. L'administration de la communauté allait devenir comme le patrimoine de quelques familles bourgeoises, qui se maintinrent au pouvoir jusqu'à la Révolution.

Réduit à ce petit nombre, le Conseil communal se trouva quelquefois dans l'impossibilité de délibérer, en raison de l'absence de quelques membres ; il jugea à propos, le 2 décembre 1742, de s'adjoindre cinq autres conseillers, auxquels il en ajouta bientôt un sixième, qui formèrent le *Conseil renforcé.*

Ces nouveaux conseillers se réunissaient au Conseil politique quand il s'agissait d'affaires importantes, et régulièrement tous les ans pour prendre part, le premier dimanche de Carême, à la formation de la liste des trois candidats à soumettre au choix du seigneur pour chaque rang de consul ; pour nommer les quatre contribuables qui devaient former le rôle de la taille et qu'on appelait départeurs ; pour donner à la moinsdite la levée de la taille (1) ; pour voter l'imposition (budget) et pour toutes les questions financières.

II. — Le curé Michel en quittant Montblanc n'avait pas

(1) En 1770, Gaspard Amiel faisait la levée de la taille, moyennant trois deniers par livre.

résigné sa charge ; l'évêque confia la régie de la paroisse à *Pierre Corbasse*, prieur de Valros.

Le curé intérimaire s'occupa de certaines réparations préparées par Michel. A ce moment, la Fabrique avait des ressources relativement élevées ; la part qui lui revenait dans la perception de la dîme donnait un revenu variant de trois cents à cinq cent quatre-vingts livres.

On décida de décorer le chœur de l'église. Un grand rétable occupait tout le derrière du maître-autel et arrivait à la hauteur de la corniche. Dans le milieu se trouvait un tableau représentant Notre-Seigneur sur la croix. Au-dessus, le buste de sainte Eulalie, surmonté de deux anges portant une couronne de martyre et accosté de deux autres bustes placés sur des consoles. De chaque côté de l'autel, une boiserie sculptée arrivait jusqu'au mur.

On fit « sur les panneaux de la boiserie des niches feintes » dans lesquelles on appliqua des toiles de grandeur naturelle représentant S. Pierre et S. Paul ; on releva le tout par des moulures et des bas-reliefs ; l'ensemble fut peint en blanc bruni ; les cadres des panneaux furent décorés ; les corniches, frises, consoles, anges, fleurs et autres motifs furent coloriés et filetés d'or. Ces décorations coûtèrent huit cent vingt-cinq livres.

Le grand vestiaire de la sacristie remonte à cette époque. On acheta aussi un encensoir en argent avec sa navette, du prix de six cents livres.

A la suite de pluies abondantes survenues en mai 1735, les chapelles du Rosaire et du Suffrage, qui se trouvent à près de trois mètres en contre-bas, « du côté du vent d'aquilon », furent inondées. On fit à l'extérieur un certain pavage destiné à faciliter l'écoulement des eaux. Ce travail améliora faiblement une situation qui existe encore et ne cesserait que par l'enlèvement des terres jusqu'au niveau du pavé de l'église.

Au commencement de septembre 1735, *Jacques Tiffy* fut nommé vicaire perpétuel. Le retard qu'avait mis l'évêque à donner un successeur à Michel tenait à ce que celui-ci, n'ayant pas de ressources personnelles, demandait qu'on prélevât une pension à son profit sur les revenus de la cure.

III. — Depuis le commencement du siècle, l'office de maire était électif ; en 1742, le Roi s'en réserva encore la collation. La fonction acquit par ce fait de l'importance ; le maire devint plus particulièrement l'agent du pouvoir royal.

« J.-B. Pailhès, ancien mi-triennal, obtint de Sa Majesté des lettres de provision de l'état et office de maire » signées du 24 août 1742. Le 16 septembre suivant, il fut installé par Me Julien, bailli et juge royal du lieu, lequel « enjoignit à l'assemblée en général et en particulier en parlant à elle, à tous les habitants, manants du lieu, de le reconnaître pour maire et de lui obéir en tout ce qui dépendait de sa charge, sous les peines du droit. » En conséquence, on lui remit les clefs des portes de la Ville, celles de l'armoire des archives et le sceau aux armes du Roi.

Le bailli, qui représentait l'autorité du seigneur, cessa d'assister aux réunions de l'assemblée communale, et le maire autorisait les délibérations.

Les consuls virent encore leur autorité diminuer. Deux arrêts du grand Conseil (1743-1754) déclarèrent que le maire avait droit à la première livrée consulaire. A ce titre, on lui votait une indemnité de vingt livres et cinq livres à son lieutenant ; les consuls ne recevaient qu'une indemnité de cinq livres chacun.

Un édit de novembre 1733 avait créé des offices de maire alternatif, lieutenant de maire alternatif, consul ancien et consul alternatif, greffier consulaire alternatif. Plusieurs de ces titres restèrent invendus, les communautés ne se souciant pas d'acheter des titres sans importance qu'on créait à plaisir selon les besoins du trésor royal ; la province en fit l'acquisition.

Par arrêt du Conseil du Roi du 28 avril 1755, ces offices furent réunis à la communauté de Montblanc pour être exercés par les officiers électifs ; ce n'était en somme que les titres anciens auxquels ont ajoutait un qualificatif nouveau, mais pour lesquels on dut payer un droit annuel. Les consuls se contentèrent d'enregistrer l'arrêt et eurent le bon goût de ne se prévaloir jamais de ce titre.

A partir de 1782, les offices de maire et de premier consul furent en fait réunis sur la même tête ; Laurent Pailhès les exerça jusqu'en 1785, et Jean Amiel aîné jusqu'en 1789.

IV. — Le chœur de l'église avait été embelli ; mais l'édifice, après dix années, se trouvait détérioré sur certains points : le pavé était en mauvais état, la sacristie menaçait ruine, la toiture au-dessus des chapelles était couverte d'herbes. Les réparations furent adjugées (16 janvier 1746) à un maçon étranger. On ne tarda pas à s'apercevoir que l'entrepreneur « employait du mortier qui n'était pas recevable » ; le Conseil désigna deux de ses membres pour vérifier les matériaux et contraindre l'entrepreneur à se conformer au devis.

Mgr de Bausset de Roquefort, promu à l'évêché de Béziers, prit possession de son siège à la fin du mois de septembre 1746. Le 2 octobre suivant, le Conseil politique décida qu'une députation des principaux habitants, conduite par le maire et les consuls, « iraient lui faire leur révérence, lui demander l'honneur de sa protection et le reconnaître comme leur prélat. »

Le curé Tiffy « avait tenu en arrivant deux secondaires pour le service de la paroisse » ; depuis 1743, il n'en tenait qu'un. La communauté l'assigna (février 1747) devant le sénéchal de Béziers pour l'obliger à se conformer aux anciens usages.

Au mois d'août, Tiffy quitta Montblanc. La communauté le poursuivit encore à raison du mauvais état où il laissait la maison presbytérale. Le 10 janvier 1748, Tiffy fut condamné à restituer cent cinquante livres pour chacune des années où il n'avait pas eu de second vicaire, et à donner trente livres, comme dommages-intérêts, pour sa négligence à faire les réparations d'entretien au presbytère.

Le Conseil politique, qui s'était laissé entraîner par le maire dans les poursuites contre le curé, se réunit le 28 avril, et, considérant « que Me Tiffy avait été obligé de payer une pension de trois cents livres à son prédécesseur pendant presque tout le temps qu'il avait joui de la cure, ce qui le mettait hors d'état de pourvoir à l'entretien de deux vicaires, et tenant compte aussi des bons et agréables services qu'il avait pu rendre pendant son séjour dans la paroisse », lui fit grâce de la restitution du prix de la pension du second vicaire.

L'hiver de 1748 fut désastreux pour les propriétaires ; le froid occasionna de grands dommages : « presque tous les oliviers et les vignes furent gelés, les racines des herbes furent tuées, les avoines perdues » ; la sécheresse venant s'y ajouter au printemps, on ne put faucher la prairie. On s'adressa au syndic du diocèse pour demander un secours, et des experts furent nommés afin d'évaluer les pertes.

V. — La communauté avait cru régler définitivement la question des droits seigneuriaux en contractant, au commencement du siècle, des abonnements avec les possesseurs de fiefs. Or, en 1742, la dame Catherine de Leval, veuve de Joseph-Alphonse de Combes, réclama le paiement des droits qui lui étaient dus, à raison de la directe qu'elle possédait au terroir de Montblanc.

Le fief de Combas (1) s'étendait sur les territoires de Tourbes, Valros et Montblanc ; pour ce dernier, les terres étaient situées sous las Bégudes.

Le 3 septembre 1694, par acte reçu Me Ant. Nauthon, Charles de Montagut, seigneur de Combas, avait constitué noble François Arnaud, sieur de Pouzac, son mandataire, à l'effet de lever les usages, arrérages, lods et autres droits seigneuriaux qui pouvaient lui appartenir au lieu de Montblanc.

Le 6 mai 1704, Joseph-Alphonse de Combes de Montagut avait ratifié le contrat fait, le 29 juillet 1698, entre sa mère, Françoise de Casseyrol, et la communauté de Tourbes, pour l'abonnement de tous droits seigneuriaux, moyennant une rente de soixante livres.

Le 21 octobre 1717, le même Joseph-Alphonse de Montagut, seigneur de Combas, avait conclu avec la communauté de Valros un abonnement pour tous droits seigneuriaux, moyennant une rente perpétuelle de cent livres, payable à la Toussaint.

La directe du seigneur de Combas ne reposait-elle pas sur des titres certains ? Pour quel motif la communauté n'avait-elle pas traité avec le seigneur de Combas au moment où elle traita avec les possesseurs des autres fiefs existant sur le territoire ? Nous l'ignorons.

La dame Catherine de Leval, veuve d'Alphonse de Combes, obtint, le 19 avril 1731, un arrêt de la Cour des comptes, aides et finances de Montpellier qui la mit en possession des terres relevant de sa directe dans le terroir

(1) Combas, aujourd'hui l'Ermitage, faisait partie, au XIIe siècle, de la seigneurie de Servian. Le prieuré de Combas était taxé sur le rôle des décimes de 1322 à une livre six sols (Rector de Combatio). En 1760, Combas était un bénéfice simple relevant de l'évêché de Béziers.

et taillable de Montblanc. Un procès-verbal de ces terres fut dressé le 7 septembre 1740, à la suite d'une ordonnance du prince de Conti ; un nouvel arrêt de la Cour des comptes, du 11 août 1741, déclara que la dame de Combes jouirait, à partir du 7 septembre 1740, des droits qui lui étaient dus.

La communauté ne fut pas disposée à accepter cette nouvelle charge ; un procès s'ensuivit, où elle succomba (1744). Alors elle songea à traiter avec la demanderesse. Les droits seigneuriaux de cette directe, établis d'après les reconnaissances anciennes, consistaient en la quantité de huit sétiers et demi-punière froment, vingt et un sétiers sept punières et demie orge, sept sétiers cinq punières mixture, deux gélines et un sou sept deniers argent.

La dame de Combes ayant vendu sa directe avec tous les droits qui y étaient attachés à Jean-François d'Aydé, conseiller à la Cour des aides à Montpellier, la communauté, par acte reçu Me Fouquet, notaire à Tourbes, le 14 juin 1749, traita avec l'acquéreur pour l'abonnement, moyennant une rente de cent cinquante livres, payable le 1er janvier.

Mais la communauté estima avec raison qu'elle devait demander au prince de Conti une diminution sur la rente qu'elle lui faisait et la rente fut réduite à neuf cents livres.

VI. — *Jacques Guibert,* originaire de Gabian, prit possession de la vicairie perpétuelle de Montblanc au mois de septembre 1747.

L'évêque de Bausset de Roquefort vint faire sa première visite pastorale le 20 novembre suivant ; il vérifia les comptes de la Fabrique et ceux de la confrérie de la Charité. Il ordonna qu'on achetât des ornements et autres objets pour le culte.

Le curé Guibert imitait, sur un point, certains de ses

prédécesseurs : il « ne tenait qu'un seul secondaire » depuis son arrivée. Le Conseil politique, voyant qu'il ne se conformait pas à l'ordonnance récente de 1748, l'assigna devant le sénéchal de Béziers (1753). Guibert, en homme avisé, offrit de soumettre le cas à un arbitrage. La sentence fut à la satisfaction commune. A dater de ce moment, le Curé de Montblanc n'eut qu'un seul vicaire.

Il faut reconnaître que les conditions économiques avaient changé depuis l'époque où le traitement du personnel ecclésiastique de la paroisse avait été fixé à quarante-cinq sétiers blé, quatre muids et demi vin, deux mesures huile et trois cents livres argent ; le curé percevait en outre le montant des dîmes novales, estimé cent quarante livres ; mais cela ne représentait plus une somme suffisante pour la nourriture et la rémunération de trois prêtres ; c'est donc avec raison qu'on supprimait le second vicaire.

Le 29 décembre 1759 eut lieu la bénédiction d'une cloche (1), en l'honneur de sainte Eulalie, pesant environ six quintaux, achetée avec les fonds de la Fabrique.

La Fabrique achetait les cloches ; la communauté se chargeait de leur entretien. A ces époques de foi, on ne regardait pas comme une vaine formule les paroles du Pontifical romain, qui donnent à la cloche bénite la vertu de « conjurer l'esprit des tempêtes » ; aussi le Conseil politique veillait à ce que la monture des cloches et les charpentes qui les supportaient, fussent en bon état.

Au printemps de 1729, « on était tous les jours menacé d'orages » ; on jugea nécessaire de nommer un second sonneur au gage ordinaire de dix livres. Bientôt la grosse cloche « était hors d'état de sonner, à cause de la rupture de l'essieu » ; on se hâta de la faire réparer. Deux ans plus tard, « à l'approche des fêtes solennelles », on fit une répa-

(1) Cette cloche a été enlevée pendant la Révolution.

ration d'une certaine importance aux deux cloches (1731). Mais les abat-sons ou « volets qui défendaient l'intérieur du clocher contre les intempéries des vents étaient usés » ; le Conseil, « craignant que les orages, assez fréquents au mois de juin, emportassent les fruits de la terre », décida de les faire renouveler (1733), « parce que, dit-il, le peu de sécurité où se trouvent les sonneurs quand les fenêtres sont ouvertes fait qu'ils abandonnent leurs fonctions au plus fort de la tempête. »

VII. — La justice royale de Montblanc fut supprimée en 1769. Ce tribunal était peu occupé ; le greffe n'avait été affermé, en 1755, à Me Jean Fouquet, notaire à Tourbes, que quinze livres. Désormais, la justice fut exercée par le châtelain de Pézénas, dans le prétoire de cette dernière ville.

Le Conseil politique conserva néanmoins la justice pour les délits et contraventions aux défenses portées par l'administration consulaire.

Cette justice avait surtout pour objet la répression des bergers. Les troupeaux avaient été toujours nombreux, même à l'époque où la communauté donnait à ferme les herbages communaux. Une ordonnance du prince de Conti, du 25 octobre 1663, avait prescrit à tous les parguiers de réduire leurs troupeaux sur le pied de deux bêtes par livre de leur compoix.

Vers le commencement du dix-huitième siècle, la communauté cessa d'affermer les garrigues communales. Une délibération du Conseil général du 9 octobre 1718 reconnut à tous les taillables le droit de tenir un troupeau composé de seize bêtes à laine par chaque livre de leur compoix, et de les faire dépaître gratuitement dans les terrains communaux.

Les garde-terres avaient souvent à lutter contre la résistance des bergers surpris en flagrant délit, et, quand ceux-ci refusaient de les suivre à la maison de Ville ou de laisser constater le délit, ils avaient la ressource de pignorer (prendre en gage) quelque bête.

Au milieu du dix-huitième siècle, l'audace des bergers ne connaissait plus de borne. Le Conseil politique dut nommer, le 30 juin 1748, six hommes pour faire la fonction de pignoreurs, avec ordre de veiller à ce que les troupeaux n'entrassent pas dans les terres moissonnées avant la fête de Ste Madeleine, et dans les prairies avant la S. Michel. Les bêtes pignorées « pouvaient être vendues sur la place publique au plus offrant, sans autre forme, et le prix partagé par moitié entre les pignoreurs et les pauvres de l'hôpital. »

Cette manière sommaire de se faire justice occasionna des ennuis à l'administration consulaire. Les habitants de Valros et de Nézignan, possédant quelques lopins dans la prairie, se croyaient autorisés à y conduire leur gros bétail pendant l'été et à l'y laisser dépaître en liberté. Dans la nuit du 4 septembre 1748, les gardes pignorèrent vingt-six mules appartenant aux forains. Un jugement de police rendu le même jour condamna les propriétaires des mules à une amende de cinq livres chacun. Les nommés Bouniol et de Texier, de Valros, « à la faveur de la déposition de quelques témoins suspects », obtinrent du sénéchal criminel de Béziers, bien qu'ils eussent déjà payé les amendes, l'autorisation de faire appel en la souveraine cour de Parlement de Toulouse pour la cassation du jugement de police de Montblanc.

Le Conseil politique ordinaire et renforcé donna, le 2 mars 1749, tout pouvoir aux consuls pour défendre le droit de pignore, dont la communauté avait toujours joui. Nous ignorons quelle fut l'issue de cette affaire.

La justice consulaire comprenait aussi les contraventions

aux défenses portées relativement au précepte dominical. Le 3 août 1723, le cabaretier Chiffre était surpris donnant à manger pendant la grand'messe. A la vue de l'officier de police, il se hâta de congédier ses hôtes ; mais le délit existait : l'établissement était resté ouvert pendant l'office. Le second consul, faisant fonction d'accusateur, demandait qu'une amende lui fût imposée. Le Conseil, constitué en tribunal, se contenta de lui adresser une admonestation.

En anticipant les faits, on peut citer deux autres jugements, les seuls qui existent sur le même objet ; le premier fut sévère, parce que le délit était accompagné d'insultes et d'outrages graves à l'autorité.

Le dimanche 24 juin 1764, le premier consul Joseph Amiel, averti que la veuve Cavalié faisait couper le blé, au quartier de la Malautié, se transporte sur les lieux accompagné de deux témoins et du valet de Ville et fait saisir les faucilles. Appelée à la maison de Ville pour recevoir une admonestation, la veuve Cavalié refuse de s'y rendre. Le premier consul et le maire « revêtus de leurs livrées consulaires » vont chez elle ; la porte se ferme et les injures passent à travers. A peine les magistrats sont-ils de retour à l'Hôtel de Ville, où le Conseil était réuni, la veuve Cavalié et son fils arrivent et se répandent en injures et menaces contre les consuls ; ils les traitent « de gueux, polissons, leur reprochent de vouloir manger à leurs dépens, les envoient f..... f....., et disent, en partant, qu'ils la leur payeront. »

Le Conseil fut tellement troublé par cette scène qu'il voulut attendre vingt-quatre heures avant de statuer sur le cas.

Le lendemain il porta le jugement suivant : « Attendu les injures et les menaces proférées par la veuve Cavalié et son fils Germain, et qu'il n'y avait aucune nécessité à faire couper les grains un jour de dimanche, déclare valablement faite la confiscation des faucilles et ordonne qu'elles seront placardées avec de gros clous au plus haut coin de la maison de Ville; condamne solidairement la veuve Cavalié et son fils à vingt livres d'amende applicables aux pauvres; comme aussi les condamne à une prison de huit jours pour avoir proféré lesdites injures et menaces et solidairement aux frais de leur emprisonnement. »

La seconde contravention présentait aussi un caractère de mépris à l'égard de l'autorité. Il était d'usage que le Conseil politique fixât le jour de l'ouverture des vendanges (1). En l'année 1771, la maturation des raisins était lente; l'assemblée communale fixa le commencement de la vendange au lundi 14 octobre, « avec défense de devancer ce jour, sous peine d'amende, confiscation des raisins, comportes et autres ustensiles. »

Or, le dimanche matin, 6 octobre, Guillaume Bonnet était surpris avec sa femme et son fils, vendangeant à Vacabelle. En vain avaient-ils pris la fuite en voyant arriver le premier consul, la mule et les comportes étaient restées sur place.

Le Conseil ordinaire et renforcé, convoqué d'urgence, porta le jugement suivant : « Attendu qu'une pareille contravention mérite d'être réprimée, soit que l'on considère le tort que ledit Bonnet a eu de contrevenir aux défenses de vendanger, soit qu'il ait enfreint le saint jour de dimanche, même pendant les offices, le condamne à l'amende de cinq livres et à la vente des deux demi-comportes de raisins saisis au profit des pauvres, et en outre ordonne que les comportes et les corbeilles seront brûlées devant la porte de l'Hôtel de Ville. »

Cette réglementation touchant l'ouverture des vendanges

(1) En 1659, l'ouverture avait été fixée au 22 septembre, sous peine de cinq livres d'amende et confiscation des raisins pour celui qui devancerait ce jour.

n'existait pas pour la moisson ; chacun commençait quand il croyait que le grain était arrivé à maturité ; mais celui qui était le premier à couper le blé, devait, le même jour, aller fixer une gerbe au haut du clocher (1729). Cette mesure avait pour but de « rappeler aux garde-terres qu'ils devaient veiller avec plus d'attention sur les bergers pour les empêcher de conduire leurs troupeaux dans les terres nouvellement moissonnées, avant que le peuple eût ramassé les épis qui avaient échappé à la vigilance des moissonneurs. »

Le 9 juillet 1724, huit bergers surpris dans des champs nouvellement moissonnés furent condamnés à cinq livres d'amende chacun ; le 12 juillet 1744, pour le même délit, dix bergers furent condamnés à deux livres dix sous chacun.

Défense aussi était faite, d'après un ancien usage, de conduire les troupeaux dans les olivettes avant le quinzième jour qui suivait la Noël (1620), sous peine d'amende.

La justice consulaire se montrait sévère pour les délits qui touchaient à l'hygiène. Le 22 janvier 1751, vers huit heures du matin, le maire, J.-B. Pailhès, était informé que plusieurs femmes lavaient du linge « aux piles servant d'abreuvoir au bétail de labour. » Il s'y rend accompagné des deux consuls, de deux témoins et du valet de Ville ; en effet, il trouve trois femmes ; « l'eau était sale au point où il n'était pas possible que le bétail pût la boire sans un danger certain. »

Le Conseil politique « jugeant d'autorité de police » se réunit le même jour. Les femmes reconnaissent l'existence du délit, et « disent que ce sera pour la dernière fois! » Le Conseil, tenant compte de leurs bonnes dispositions, ne les condamna qu'à deux livres dix sous d'amende chacune ; le produit fut versé entre les mains du procureur de l'hôpital.

VIII. — Le pays vivait dans l'union. L'année 1770 marqua le commencement de divisions, qui durèrent jusqu'à la Révolution.

Depuis 1750, Pierre Prades était régent des garçons ; il exerçait aussi la charge de greffier consulaire. Ce dernier emploi lui prenait peu de temps : la tenue du registre des délibérations de l'assemblée communale se réunissant cinq ou six fois par an et la rédaction du rôle de la taille, constituaient à peu près son travail, pour lequel il recevait un traitement de cinquante livres, à charge par lui de fournir le papier du rôle. Ces deux emplois lui donnaient une certaine importance ; en 1754, on le nomma second consul.

Cependant Prades négligeait son devoir de régent ; « il passait souvent quinze jours sans faire la classe. »

Le Conseil politique crut devoir le remplacer dans la charge de greffier, afin qu'il ne pût alléguer ses occupations comme excuse de la négligence ; en dédommagement, il le nomma membre du Conseil renforcé.

Prades ne changea rien à ses habitudes. « Depuis cinq ou six ans, les familles se plaignaient. » Le 29 avril 1770, le Conseil politique et renforcé, procédant au renouvellement partiel de ses membres, ne réélut pas Prades.

Celui-ci, fâché, attaqua l'élection devant le sénéchal de Béziers, comme « n'ayant pas été en tout conforme aux dispositions de l'édit de 1766 et des lettres patentes de 1768 » ; l'élection fut cassée. Le 22 juillet suivant, on procéda à un second vote ; naturellement Prades ne fut pas élu.

Le Conseil communal, vexé de la conduite de Prades, résolut de se débarrasser de lui ; du reste, les réclamations étaient nombreuses. — Appelé dans l'intervalle à voter l'imposition (budget), il supprima le traitement du régent, fixé jusqu'alors à cent soixante-deux livres dix sous, et abrita sa décision sous une déclaration de principe. « Il n'est que trop certain, dit-il, qu'un régent public qui a un traitement fixe et assuré, s'acquitte toujours mal de son devoir, au lieu qu'un régent payé à proportion des écoliers, s'efforce de les bien instruire et de se procurer par là un plus grand nombre d'élèves et par suite augmenter son salaire. »

Mais le Conseil manquait de logique ; dans la même imposition, il maintenait le traitement de la régente des filles (112 livres 10 sous) ; aussi voulut-il donner une raison de fait pour expliquer cette différence. « Il est inutile, ajouta-t-il, d'imposer la communauté au profit d'un régent, qui n'est plus aujourd'hui dans Montblanc qu'un vain mot ; en effet, les habitants voyant avec douleur que leurs enfants, quoique envoyés à l'école, ne savent ni lire, ni écrire, et ne sont nullement instruits de la religion, se sont vus dans la dure nécessité d'établir trois régents, qu'ils nourrissent et salarient à grands frais, depuis plusieurs années. »

Injonction fut faite à Prades « de remettre entre les mains des consuls la clef de l'appartement supérieur de la maison de Ville, destiné de tout temps à l'école des garçons. »

Prades remit la clef et s'adressa immédiatement au Promoteur du diocèse pour se faire maintenir dans sa charge. Celui-ci protesta contre la suppression de l'emploi de régent ; l'article 9 de l'édit du 13 décembre 1698 ayant statué qu'il serait établi autant que possible, dans toutes les paroisses, des maîtres et maîtresses d'écoles.

Le Conseil politique et renforcé ne se borna pas à supprimer l'emploi et le traitement de Prades, il ajouta une mesure vexatoire.

Depuis longtemps, les habitants avaient fait des défrichements dans les garrigues communales. Au mois de juin 1770, vingt-quatre habitants se trouvaient dans ce cas ; Prades était du nombre. Le Conseil trouva que ces défrichements « portaient tort à la communauté. » « Bientôt, les garrigues ne pourraient plus fournir le bois nécessaire pour la cuisande du pain, ainsi que pour les moulins à huile et le chauffage général » ; ces défrichements nuisaient aussi à la dépaissance des troupeaux, qui à ce moment-là étaient au nombre de douze, appartenant à trente propriétaires ; ceux-ci se réunissant jusqu'à quatre pour former un troupeau.

Le Conseil fit appeler les défricheurs de terres à la maison de Ville. Onze d'entre eux dirent avoir agi de bonne foi et offrirent d'abandonner le terrain. Les autres, parmi lesquels était Prades, reconnurent avoir défriché et même planté en vigne, mais ne voulurent pas renoncer à leurs exploitations. L'assemblée, « voyant dans ce refus l'intention de s'approprier le terrain usurpé », décida de les poursuivre devant le sénéchal et s'adressa à l'intendant pour être autorisée à plaider et à emprunter la somme nécessaire à cet effet.

Les récalcitrants se soumirent, Prades seul résista. Il adressa une requête à l'intendant contre l'administration consulaire où il déclarait que « le droit de défricher les garrigues était reconnu par l'usage » ; il aurait même pu ajouter que les défrichements avaient été encouragés par les administrations précédentes, ainsi que nous le verrons bientôt. Le Conseil répondit que « la propriété communale des garrigues ne pouvait être contestée, ainsi qu'il résultait d'actes authentiques, remontant au delà de l'an 1400 », et que la communauté voulait affirmer son droit de propriété.

Dans la même requête, Prades avait accusé les administrateurs consulaires d'abuser du pouvoir qui leur était confié, de s'approprier les revenus provenant de la vente de l'herbe des chemins. Cette accusation fit bondir d'indignation les membres de l'assemblée communale. « Quand on débite des fables, s'écria l'un d'eux, il faudrait au moins leur donner un air de ressemblance. Comment ! les notables et plus forts contribuables ont toujours fait partie du Conseil renforcé ; ils n'ont jamais été consuls, il est vrai, parce qu'ils n'ont aucun goût pour le chaperon ; mais est-il admissible qu'étant les plus intéressés aux affaires communales, ils aient souffert que les consuls se soient appropriés les deniers provenant de la vente de l'herbe des chemins ? » Et le greffier consulaire, se laissant aller au lyrisme, écrivait : « Oh ! qu'il est malaisé de déguiser et confondre la vérité ! Cette fille du ciel se manifeste toujours d'elle-même et remonte du fond du puits. »

Mais le greffier consulaire, qui avait l'âme si poétique, émaillait quelquefois sa rédaction de périodes moins harmonieuses. Voulant sans doute traduire fidèlement l'opinion du Conseil à l'égard de Prades, dans les procès-verbaux des délibérations relatives à ces démêlés, il avait écrit des phrases telles que celles-ci : « Prades a trahi son devoir et a causé des prévarications » ; « Prades aussi fécond en suppositions et mensonges, qu'il est hardi et téméraire dans ses entreprises » ; « Prades emploie tous les moyens que la mauvaise foi peut lui suggérer pour tâcher de se maintenir dans ses usurpations » ; « ce prévaricateur, homme de rien, sans fortune, peu intéressé aux affaires communales puisqu'il ne fait que trente-sept livres de taille, nommé consul en 1764 et ensuite conseiller renforcé, non par choix, mais par nécessité, à cause de la rareté des sujets » ; « que ne peut l'appât du gain réel ou imaginaire sur une âme vénale qui n'écoute que ses intérêts » ; « Prades qui a trahi ses devoirs, malgré le sacré lien du serment », etc.

Ces expressions offensantes pour Prades furent relevées par son fils ; il se fit délivrer une copie des procès-verbaux des délibérations et intenta devant « les officiers de la châtellenie du comté de Pézénas, le lieu de Montblanc en dépendant », une action contre les conseillers politiques et renforcés qui avaient signé les délibérations, à raison des termes et imputations injurieuses qui y étaient contenues.

Le 11 février 1772, le lieutenant criminel de la châtellenie de Pézénas (Mazel) rendit un appointement condamnant solidairement les membres du Conseil politique et renforcé à trente livres de dommages-intérêts, aux frais de l'instance liquidés à trente-huit livres, ordonnant « la radiation des paroles injurieuses sur les registres de la communauté et la transcription du présent appointement en marge des pages des dits registres. »

« Par cette affaire, Prades jeta le trouble et le désordre dans la communauté qui avait vécu jusque-là tranquillement sous l'égide des lois. »

La façade du presbytère avait été relevée du côté de la rue en 1723 ; celle qui donne sur le jardin menaçait ruine. Le Conseil politique vota la réfection de la partie comprise entre la tour et la maison voisine, ayant appartenu au château (1772).

Mgr de Nicolay, qui fut le dernier évêque de Béziers, arrivé depuis le mois de novembre 1771, vint faire sa visite pastorale le 15 mai 1773 ; il donna la confirmation à cent quatre enfants.

IX. — Jacques Guibert était depuis trente-deux ans à la tête de la paroisse ; il jouissait de l'estime générale. A la fin du mois d'octobre 1779, il se démit de la cure en faveur de son neveu et fut nommé bénéficier à la cathédrale Saint-Nazaire.

Louis Guibert était âgé de vingt-huit ans quand il prit possession de la vicairie perpétuelle de Montblanc. A peine arrivé, il adressa à l'Intendant une plainte contre le Conseil politique qui, depuis déjà longtemps, s'était arrogé le droit de nommer seul le procureur des pauvres et de lui faire prêter serment entre ses mains ; il lui demanda aussi d'ordonner que des réparations fussent exécutées à la maison presbytérale.

Dans la séance du 3 mai 1780, le Conseil laissa entendre que « la plainte portée contre l'administration de l'hôpital avait été suggérée par des débiteurs de cet établissement, qui voulaient se maintenir dans leurs usurpations. » Quant au presbytère, il fit la description de l'immeuble et termina en disant que les appartements étaient en bon état.

III. — LE COMTE DE PROVENCE, SEIGNEUR

I. — Le prince Louis-François-Joseph de Conti (1) possédait le comté de Pézénas depuis 1776. Par acte passé devant Mc Goudoin, notaire au Châtelet de Paris, le 7 octobre 1783, il le vendit au prince Louis-Stanislas-Xavier (2) (comte de Provence), frère du Roi.

Le même jour et devant le même notaire, par un second acte, Monsieur, frère de Sa Majesté, reconnut avoir acheté le comté au nom du Roi, et le Roi déclara n'en vouloir garder que la nue propriété et en laisser la jouissance à son frère.

Ces deux actes furent notifiés à la communauté de Montblanc ; le Conseil politique les enregistra dans la séance du 14 juin 1784. De ce moment, le comte de Provence fut seigneur de Montblanc.

Le 25 octobre 1705, la veuve Ville, née Marie Baudou, légua au curé de Montblanc une rente de quinze livres, garantie sur une terre située au ténement de l'Evêque,

(1) Ce prince mourut à Barcelone en 1814 ; ce fut le dernier des Bourbon-Conti.

(2) Monté sur le trône en 1814, sous le nom de Louis XVIII.

« pour la cérémonie et les trois bénédictions de l'oraison des quarante-heures » et une rente de six livres, assurée sur une terre située au ténement de la prairie-haute, à la confrérie du Rosaire, pour l'entretien des deux autels de la chapelle de Notre-Dame (1). Cette double fondation fut reconnue par les héritiers au rétablissement du culte.

Le Conseil d'administration du prince Louis-Stanislas-Xavier décida (janvier 1786) de concéder les offices de police soit aux communautés, soit à des particuliers ; c'était encore une franchise qui allait être confisquée. La communauté, ne voulant pas laisser tomber en des mains étrangères la justice consulaire, fit l'acquisition des charges de châtelain de police et de substitut du procureur fiscal, moyennant la somme de cinq cent cinquante-trois livres, qu'elle emprunta.

II. — Une ordonnance royale du 12 octobre 1728 avait encouragé le défrichement des terres incultes ou abandonnées ; elle accordait aux communautés le droit de concéder ces terres, à condition que, après un certain temps, elles seraient allivrées et soumises à la taille.

Les garrigues de Montblanc s'étendaient dans la direction de Béziers, sur une vaste étendue, — « à peine y avait-il dans le terroir deux mille cinq cents sétérées de terres cultivées ; la cinquième partie des garrigues pouvait suffire pour le chauffage des habitants et la dépaissance des troupeaux. »

La communauté, agissant dans l'intérêt général « puisque le paiement des tailles nouvelles devait amener la diminution de la quotité de chacun », donna à un nommé Merle, de Pézénas, soixante sétérées de garrigues, situées au ténement de Combalirou, à la condition qu'il en

(1) Cette dernière rente a été rachetée le 5 octobre 1865, par J.-B. Dijoux, héritier de la donatrice, moyennant la somme de 120 fr., versée dans la caisse de la Fabrique.

payerait les tailles, à partir de la quinzième année qui suivrait leur défrichement.

Après trente ans de possession, Merle abandonna ce sol ingrat et la terre retomba à l'état d'herme.

La communauté mit en adjudication la jouissance perpétuelle de ce terrain ; le 10 août 1783, Henri Nauthon, juge au siège présidial de Béziers, propriétaire de la métairie de Bellevue, s'en chargea moyennant le paiement de la taille et des arrérages, montant à cent vingt livres.

Le terrain remis en culture fut complanté de vignes et d'amandiers ; cela contrariait les bergers d'Henri Mazel, de la Bégude, qui, en qualité de propriétaire forain, avait droit de dépaissance au terroir de Montblanc. Des contraventions furent dressées pour dommages faits dans les vignes de Nauthon.

Mazel, dont le frère était lieutenant du châtelain de Pézénas, obtint des juges du premier degré (15 avril 1785) un jugement cassant l'adjudication du 10 août 1783. L'administration communale fit appel devant la Cour des Aides. Entre temps, elle avait décidé de mettre en adjudication les trois quarts des garrigues, et le 29 mars 1785, en avait concédé à François Deloupi, de Béziers, cent sétérées, à la charge par celui-ci de les défricher et d'en payer les tailles après quinze années d'exploitation.

Mazel fit former par des hommes, qui lui étaient dévoués, un syndicat de propriétaires de la localité ayant à sa tête Prades, et un syndicat de forains, qui se joignirent à lui pour demander la cassation de l'adjudication du 10 août 1783. L'affaire arriva devant le Parlement de Toulouse : Nauthon, fidèle aux traditions de loyauté de sa famille, ne voulant pas être une cause de procès pour la communauté, offrit avec insistance de se démettre de la cession à lui consentie, à condition qu'on lui rembourserait les dépenses faites pour mettre le terrain en culture. Le Conseil politique finit par accepter son offre et remit le terrain en adjudication ; mais personne ne se présenta et Nauthon fut maintenu propriétaire.

Le procès entre Mazel et la communauté continua.

III. — Cette affaire passionna le pays ; deux partis se formèrent ; pendant plus de quatre ans, le village fut dans l'agitation.

La vie communale se ressentit de ces divisions. Par l'influence de son frère auprès des agents du comte de Provence, Mazel empêchait la nomination des consuls, désignés conformément à l'usage ; il alla même jusqu'à vouloir imposer par la force les consuls et un Conseil politique choisis par lui.

Le 26 avril 1789, François Mazel, son frère, lieutenant principal en la châtellenie de Pézénas, se transporta à Montblanc, fit convoquer en la forme accoutumée, au son de la cloche, à onze heures du matin, le conseil ordinaire de la communauté et déclara qu'il allait installer les nouveaux consuls, nommés par le seigneur de Montblanc.

Le premier consul Jean Amiel aîné et les conseillers politiques Jacques Pastre, Antoine Pailhès, Jacques Amiel, Antoine Gondard, Augustin Bonnet et Pierre Coulogne protestèrent ; le greffier consulaire refusa de transcrire l'ordonnance du Prince seigneur. Mazel fit alors écrire par le greffier de la justice de Pézénas, qu'il avait amené avec lui, l'acte d'installation des nommés Laux et Bruguière comme consuls, présentés, était-il dit, au choix de Monsieur Frère du Roi par délibération du Conseil politique du 14 avril, ce qui était faux.

Le premier consul et le Conseil politique en exercice refusèrent d'abandonner l'administration de la communauté. Soutenus par la majorité des habitants, ils ne voulurent pas se laisser arracher le dernier lambeau des franchises communales.

Séance tenante, ils adressèrent une supplique au Prince pour éclairer sa religion sur les agissements de ses agents et lui exprimer tout le respect, la soumission et l'attachement inviolable qu'ils avaient pour sa personne. Ils lui renouvelèrent les propositions antérieurement faites de trois noms, en tête desquels était Jacques Pastre, pour chaque rang de consul. Le Conseil donna en même temps tout pouvoir au premier consul et à deux membres pour poursuivre devant les tribunaux compétents la cassation des nominations faites en dehors de tout droit.

Les consuls intrus demandèrent qu'on leur délivrât les chaperons, la clef des archives et les registres de la communauté. Le Conseil légitime refusa. Au reste, « les chaperons déposés comme d'usage sur le banc des consuls à l'église » avaient été volés quelque temps auparavant et on avait dû en faire confectionner de nouveaux que, « par précaution, on enfermait dans l'armoire des archives. »

Le 8 juin 1789, le premier consul J. Amiel s'étant présenté à l'Assemblée, chargée de dresser l'assiette des impositions, tenue à Béziers, se trouva en présence de Bruguière, se disant consul et envoyé par le Conseil politique. L'Assemblée, ne pouvant trancher elle-même la question de la validité des mandats, renvoya les deux délégués à se pourvoir devant les seigneurs des Etats et décida que les deux mandats seraient déposés devers le greffe du diocèse afin que ceux qui avaient dressé les pièces fausses fussent poursuivis devant le sénéchal.

IV. — Ces divisions politiques eurent leur répercussion dans les affaires de la Fabrique. Le curé Louis Guibert, en arrivant, s'était jeté dans un parti ; il se trouva par le fait dans celui qui était opposé à l'administration légitime.

Le premier consul saisit une occasion pour le contrarier,

Ayant appris que le marguillier-trésorier Abbal avait été reçu à la cession de biens, il déclara « qu'il ne pouvait plus régir sa place » ; en outre, par sa faute, il était « survenu des troubles à l'église », ajoutait-il. Il demanda au curé de convoquer le bureau de la Fabrique pour lui donner un successeur ; le curé refusa.

Le maire réunit le Conseil politique (1er novembre 1780) et fit nommer un nouveau trésorier ; on lui donna le droit de se mettre à l'église au banc des officiers municipaux, placé à gauche, vis-à-vis le banc consulaire.

Le trésorier titulaire refusa de se dessaisir du coffre contenant les deniers de la Fabrique ; le curé, de son côté, intenta une action au marguillier irrégulièrement nommé, pour usurpation de fonctions. Une ordonnance du sénéchal, du 12 mai 1789, fit défense à celui-ci de prendre la qualité de marguillier ni de s'immiscer dans les fonctions de cette charge.

Le Conseil politique ne voulut pas se tenir pour battu et, malgré l'évidence de ses torts, poussa le marguillier intrus à faire opposition à cette ordonnance (27 mai 1789).

Cette affaire, ainsi que le procès relatif à la cession des garrigues et les poursuites intentées contre les faux consuls, étaient pendantes devant les juridictions respectives, quand un événement tragique vint jeter le deuil dans le pays. Dans la soirée du 4 août 1789, Henri Nauthon, qui se rendait à Béziers, fut assassiné ainsi que son cocher, près du ruisseau de la Baume.

Son parti prétendit voir dans ce crime la main de ses adversaires et plusieurs de ceux-ci furent décrétés de prise de corps.

Il est certain cependant que le vol ne fut pas étranger à l'assassinat. Le cadavre du domestique fut trouvé dépouillé de ses vêtements ; celui de Nauthon était revêtu de ses habits, mais il n'y avait sur lui ni montre, ni boucles aux souliers, ni argent, les poches de la culotte avaient été tirées et mises complètement à l'envers.

V. — Depuis déjà trois mois siégeait l'Assemblée nationale. Le 1er janvier 1789, le Conseil politique, répondant à une invitation de la communauté de Béziers, en vue de la convocation des Etats généraux, avait pris une délibération demandant au Roi « que le Tiers-Etat, qui contribuait le plus aux charges publiques, fût appelé à cette assemblée. » Ses vœux avaient été exaucés et au delà.

VI. — Un nouveau régime allait être établi en France, tant au point de vue politique qu'au point de vue administratif et financier. Il ne sera pas sans intérêt de connaître le budget de la communauté à cette époque. Nous transcrivons celui qui fut dressé pour l'année 1789 :

Impositions d'après la mande royale des commissaires du diocèse.

Pour la taille	380 livres (1).	9.136
— le taillon	119	
— les garnisons	143	
— les morte-payes	20	
— les étapes	43	
— les deniers extraordinaires	6.570	
— le département	156	
— les réparations des ponts et chaussées	452	
— le remboursement de l'état du compte des deniers extraordinaires	1.253	

(1) Nous négligeons les sous et deniers.

Dépenses ordinaires.

	Report....	9.136 livres.
Rente pour la reprise du four banier (acte de 1688)	90 livres.	
Curé de Montblanc. Une messe par semaine.........................	20	
Honoraires du premier consul......	20	
— du second consul......	15	
Gage du valet de Ville.............	15	
— du greffier consulaire et fournitures de bureau..........	50	572
— du carillonneur..............	10	
— du remonteur de l'horloge....	12	
Droit de dîme des olives...........	14	
Gage du régent des garçons........	150	
— de la régente des filles...... .	100	
Loyer des deux maisons d'école....	25	
Dépenses imprévues...............	50	

Droits seigneuriaux.

Monsieur Frère du Roi............	900 livres.	
François de Deydé..................	150	
Chapelain de Saint-Martin.........	60	
L'évêque de Béziers................	100	1.303
Dames du Saint-Esprit de Béziers...	65	
L'Hôpital de Montblanc............	20	
Prieuré de Cassan..................	8	
	A reporter...	11.011 livres.

Intérêts de sommes dues.

	Report...	11.011 livres.
A l'Hôpital : 450 livres (acte de 1685) à 2 o/o	8 livres.	
A l'Hôpital : 485 livres (acte de 1720) à 2 o/o	9	
A la Confrérie de l'Union de Béziers : 1.200 livres (acte de 1683)	24	
A la Charité de Béziers : 1.000 livres (acte de 1688)	20	102
A l'Hôpital de Montblanc : 825 livres (acte de 1718)	16	
A la Charité de Montblanc : 100 livres (acte de 1754)	5	
Droit de quittance du Receveur. ...	20	
	Total des dépenses...	11.113 livres.

Revenus.

Prix de la ferme de la Condamine...	500 livres.	
— du four à cuire le pain	530	
— du moulin à huile	160	1.219
Censives cédées par l'évêque de Béziers	24	
Non-emploi d'une partie de l'honoraire du second consul décédé....	5	
	Différence en moins...	9.894 livres,

qui, reportées sur 461 livres, montant de l'allivrement du compoix terrier de la communauté, distraction faite de l'allivrement des biens qui sont en non-valeur ou abandonnés, donnent une imposition de 21 livres, 3 sous, 3 deniers par chaque livre de compoix.

CHAPITRE CINQUIÈME

RÉVOLUTION

I. — L'ASSEMBLÉE NATIONALE

I. — La Révolution trouva le pays divisé ; ces divisions furent cause que le nouvel état de choses ne fut pas accueilli avec enthousiasme par tout le monde. Les chefs de l'ancienne administration consulaire furent les chefs de l'opposition sous le nouveau régime.

Un décret du 14 décembre 1789 institua dans chaque commune un Conseil général composé du *maire,* de plusieurs *officiers municipaux,* formant le corps municipal ; d'un certain nombre de *notables,* qui ne devaient être convoqués que quand le corps municipal le jugerait bon ; du *procureur de la commune,* appelé plus tard *agent national,* sans voix délibérative, chargé de défendre les intérêts publics ; enfin du *secrétaire greffier,* tous élus par les citoyens actifs, c'est-à-dire âgés de vingt-cinq ans, et payant une contribution égale à trois journées de travail au moins.

A la suite de ce décret, on nomma maire Antoine Py fils, et procureur de la commune Pierre Prades ; on nomma aussi cinq officiers municipaux et douze notables.

La nouvelle municipalité se hâta d'acheter les « écharpes qui devaient servir à décorer » le maire, les officiers municipaux et le procureur de la commune, et de faire confectionner un costume complet pour le valet de Ville. Les sept écharpes coûtèrent trois cent cinquante-huit livres ; le costume du valet de Ville coûta cent vingt-neuf livres.

A la suite des élections, des troubles se produisirent ; le maire dut faire appel à la maréchaussée de Pézénas et à une partie de la garde nationale de Bessan pour rétablir l'ordre (1).

On organisa alors deux compagnies de milices citoyennes (garde nationale), destinées à réprimer les désordres ; on acheta deux drapeaux, l'un blanc et l'autre rouge (2). En attendant qu'on pût acheter des armes réglementaires, on distribua des fusils de particuliers ; deux ans plus tard seulement, la commune fit l'achat de cinquante fusils d'ordonnance avec leurs baïonnettes, gibernes et ceinturons.

II. — Dans la séance du 4 août 1789, l'Assemblée nationale avait décrété l'abolition de la dîme. Un décret du 22 avril 1790 déclara que les dîmes de toute espèce ne cesseraient d'être perçues qu'à dater du 1er janvier 1791.

Ce décret ne répondait pas à l'attente générale. Le peuple, réuni dans l'église le 5 juin 1790, fit dresser par Savy, notaire à Bessan, des pétitions demandant à ne plus payer la dîme.

Le lendemain, les fermiers des fruits décimaux appartenant à l'évêque se présentaient devant le Conseil général et déclaraient « qu'afin d'éviter à la municipalité le désagrément de sévir contre tous les citoyens pour les obliger à payer la dîme en nature », ils se désistaient de leur bail au

(1) Les frais de la nourriture montèrent à 27 livres.
(2) Les deux drapeaux coûtèrent 78 livres.

profit de la commune, pourvu que celle-ci se chargeât de payer le prix de la ferme.

Le même jour, le curé de Montblanc faisait une semblable déclaration ; il renonçait à ses dîmes novales ainsi qu'aux divers revenus qu'il percevait en nature ou en espèces, à condition que la commune s'engageât à payer, à lui personnellement, une congrue de douze cents livres ; au vicaire, une congrue de sept cents livres ; en outre cent livres pour le prédicateur du Carême et quatre cents livres pour la Fabrique. Ces propositions étaient acceptées (1).

III. — Désirant assurer la tranquillité publique, le Conseil général décida « de mettre à exécution la déclaration du Roi, portant sanction du décret de l'Assemblée nationale du 21 octobre 1789, pour l'établissement de la *loi martiale.* » Le 11 juillet, le maire et les officiers municipaux, revêtus de leurs écharpes, précédés de la garde nationale portant les drapeaux, se rendirent dans tous les coins et carrefours du village, et le secrétaire-greffier donna lecture de ladite déclaration.

Le 14 juillet approchait ; la municipalité voulut répondre « à l'invitation des Parisiens et célébrer la fête de la Patrie que toute la France devait célébrer à midi sonnant, en prononçant unanimement et publiquement le serment civique et fédératif. » En conséquence, elle décida que ce jour-là on s'abstiendrait de toute œuvre servile, qu'un autel serait dressé dans le Jeu de ballon et qu'une messe y serait chantée.

En effet, le 14 juillet, à onze heures, le curé Guibert gravissait les marches de l'autel et célébrait solennellement la

(1) D'après les déclarations faites à la maison commune le 13 mars 1790, les dîmes produisaient en revenu net : savoir, celles de l'évêque 1.394 livres ; celles du Chapitte de S.-Nazaire 1.581 livres ; celles de la Fabrique 340 livres ; celles du curé 140 livres.

messe « en présence du maire, des officiers municipaux, des notables, de la garde nationale et de la commune assemblée. »

La messe terminée, on vit s'avancer successivement et prêter serment de fidélité à la Constitution tous ceux qui y étaient astreints par les décrets de l'Assemblée nationale. La cérémonie se termina par le chant du *Te Deum*.

Le soir, un feu de joie était allumé sur la place, non loin de l'arbre de la Liberté (1), et les boîtes faisaient entendre leurs détonations (2).

IV. — Deux jours avant cette fête, l'Assemblée nationale avait porté un décret qui devait jeter un grand trouble dans la France. Elle avait fait une nouvelle organisation de l'Eglise, à laquelle on donna le nom de *Constitution civile du clergé*.

Cette constitution supprimait les sièges épiscopaux existants et créait un évêché par département. Elle statuait que désormais les évêques et les curés seraient nommés par les électeurs civils, c'est-à-dire par des hommes appartenant à toutes les religions ; que les évêques élus demanderaient l'institution canonique, non au Pape, mais au métropolitain. Tous les élus, évêques et curés, devaient prêter serment de fidélité à ladite constitution.

Cette législation, en opposition avec les lois de l'Eglise touchant la nomination, l'institution et la juridiction de ses ministres, ne tendait qu'à constituer une Eglise schismatique. Les évêques protestèrent ; l'Assemblée nationale n'en poursuivit pas moins son œuvre. Le 26 décembre suivant, elle décréta que tous les ecclésiastiques exerçant

(1) « Coût de l'arbre de la Liberté, sa peinture, l'achat du bonnet et de trois rubans, plus les frais de port : 29 livres 10 sous. »

(2) « Location des boîtes, poudre, feu de joie, le jour du *Te Deum* : 17 livres 10 sous. »

des fonctions publiques étaient tenus de prêter le serment dans la huitaine, sous peine de perdre leurs fonctions et être remplacés dans leurs offices.

Aucun doute ne pouvait s'élever sur l'obligation de refuser ce serment ; les atteintes que la constitution civile portait à l'autorité du Saint-Siège et à la discipline ecclésiastique sautaient aux yeux. La résistance du clergé de France fut admirable, et, parmi les prêtres qui prêtèrent ce serment, un grand nombre y ajoutèrent des explications ou des restrictions qui en atténuaient la portée.

Louis Guibert était curé de Montblanc depuis plus de onze ans. Nous l'avons vu se jeter dans les partis et vivre à l'état d'hostilité avec l'administration locale. En 1787, il avait acheté plusieurs terres d'une contenance totale de vingt-sept sétérées ; il avait fait construire dans un jardin qu'il possédait, du côté de la rivière, des bâtiments destinés au service de l'exploitation de sa propriété (1) ; il avait en outre en perspective la succession de son oncle, qui aurait ajouté à son domaine près de quinze sétérées, ainsi qu'une maison située à l'intérieur du village (2).

L'attachement aux biens temporels fit-il oublier à Guibert l'intérêt supérieur de son âme, ou bien se fit-il illusion sur la portée de l'acte qui lui était demandé ? Toujours est-il qu'il prêta serment à la constitution civile du clergé. Le dimanche 30 janvier 1791, à l'issue de la grand'messe, il monta en chaire et, en présence du maire et des officiers municipaux, il jura « d'être fidèle à la nation, à la loi et au roi et *de maintenir de tout son pouvoir la constitution* décrétée par l'Assemblée nationale. »

Le 18 avril suivant parut un bref du Souverain Pontife, condamnant la constitution civile du clergé comme schismatique, et frappant de censure ceux qui avaient prêté le

(1) Ces bâtiments appartiennent maintenant à M. Jules Latreille.
(2) Cette maison appartient maintenant à M. Auguste Boulerand.

serment s'ils ne le rétractaient dans l'espace de quarante jours. Guibert persévéra dans le schisme.

Les fidèles, pour la plupart, ignorants des questions de droit ecclésiastique, ne comprenaient pas combien grave était l'acte accompli par leur curé et n'avaient vu dans la prestation de ce serment qu'une formalité quelconque. La population, comme d'habitude, se rendait aux offices ; rien n'était changé. Pendant que, dans les paroisses voisines, le départ des curés restés fidèles à leur devoir et l'arrivée des intrus donnaient lieu à des scènes qui nécessitaient l'emploi de la force publique, Montblanc vivait paisiblement dans le schisme.

V. — La loi du 2 novembre 1789 avait « mis les biens ecclésiastiques à la disposition de la nation. » Comme conséquence, le directoire du district de Béziers vendit à l'adjudication, le 23 mars 1791, les propriétés de la chapelle Saint-Martin (18.900 livres) et celles de la chapelle Saint-Blaise de Caux (1), situées sur la commune (6.525 livres). Le 16 juin suivant, il vendit la maison et la cave, attenant au presbytère, et appartenant au prieuré (2.400 livres), les biens des chapelles de Saint-Antoine (1.230 livres), des Onze mille Vierges (6.705 livres) et de Cotte (4.610 livres) ; le 5 janvier 1792, il vendit le jardin du presbytère, situé à côté du cimetière (410 livres). Les biens de la chapelle Sainte-Catherine ne furent vendus que le 27 mai 1794 (24.480 livres). Les familles honorables se gardèrent d'acheter ces biens d'Eglise, qui d'ailleurs furent payés en assignats (2).

(1) La chapelle S.-Blaise avait été fondée dans l'église S.-Gervais de Caux, en 1548, par Jean Audin. Elle possédait à Prat-Braie un champ et pré de onze sétérées. En 1605, Me Jean Pradines en était chapelain ; en 1663, c'était Pierre Gibert, sous-diacre, de Caux ; en 1671, Pierre Solignac, prieur de Baurejan ; en 1689, Jean Lauret, vicaire perpétuel de Portiragnes ; en 1758, Me Rozières, de Béziers.

(2) Les *assignats*, ainsi appelés parce qu'on leur avait assigné la

A ce moment, Montblanc était cruellement éprouvé par une épidémie de petite vérole qui, dans le courant des mois de mai, juin et juillet, enleva quarante-six personnes.

VI. — Un décret du 18 août 1792 prononça la suppression des confréries et ordonna la vente de leurs biens.

Ces pieuses associations, inoffensives pour l'ordre public, étaient en pleine prospérité. La confrérie du Saint-Sacrement avait fait placer dans la chapelle, vers le milieu du siècle, un autel genre Renaissance, formé de marbres de diverses couleurs, dont le tombeau, orné d'un médaillon représentant un ostensoir sur fond vert, était flanqué de deux belles têtes d'anges aux ailes déployées.

La confrérie de la Charité comptait, en 1790, soixante-douze membres, et avait dans le coffre cinq cent soixante-cinq livres en espèces et cent cinquante livres en billets souscrits par les locataires perpétuels en retard.

Les confréries du Rosaire, des Pénitents et des Pèlerins rivalisaient de zèle pour l'observation de leurs règlements. Les Pèlerins avaient reçu de Rome, le 28 août 1790, une relique de saint Jacques et venaient de célébrer leur fête du 25 juillet ; ils avaient même fait ce jour-là la réception de cinq nouveaux confrères.

Les membres des confréries ne se soumirent qu'à regret à la loi qui leur défendait de se réunir dans leurs chapelles respectives et d'accompagner en corps au cimetière les confrères décédés ; aussi les verrons-nous profiter du premier moment de calme pour se reconstituer.

Les biens de la confrérie de Sainte-Eulalie ne furent vendus que le 16 mai 1794, au prix de 2.720 livres.

Le décret du 3 septembre 1792, qui ordonna la vente des

valeur des biens du clergé, s'élevant à cinq milliards, furent créés le 1er avril 1790 et annulés le 19 février 1796. On émit pour 45 milliards 581 millions de papier-monnaie. Leur valeur baissa jusqu'au 200e.

biens des Fabriques, vint ajouter à l'inquiétude générale. Montblanc n'était pas directement atteint, puisque la Fabrique ne possédait aucun immeuble ; mais on se demandait pourquoi on vendait les biens des églises, si sincèrement on voulait maintenir l'exercice du culte.

II. — LA CONVENTION

I. — Les événements politiques se précipitaient ; l'Assemblée nationale allait faire place à la Convention. Des élections eurent lieu ; mais Montblanc se voyait privé d'y prendre part. L'assemblée électorale réunie à Béziers pour l'élection des députés à la Convention avait cassé le procès-verbal de l'assemblée primaire du canton de Servian, « parce que dans les communes de Servian, Abeilhan, Pouzolles où l'aristocratie avait, pour ainsi dire, toujours dominé », le résultat ne lui était pas favorable.

A Montblanc, où « les citoyens étaient pénétrés du véritable amour de la patrie, prêts à verser leur sang et à mourir même en défendant la liberté et l'égalité, comme ils en avaient fait le serment le plus solennel et ils étaient incapables de parjure », on souffrait « de ne pouvoir concourir au grand œuvre de la formation de la Convention nationale. » Le 5 septembre 1792, le Conseil général demanda au Directoire du département « de l'autoriser à former une section spéciale de vote. »

Dans sa première séance, la Convention abolit la royauté (22 septembre 1792).

Les assemblées communales furent renouvelées. Le 3 janvier 1793, le maire Pascal, les officiers municipaux, les notables et le Procureur de la commune nouvellement élus, prêtèrent serment « d'être fidèles à la République, de maintenir de tout leur pouvoir la liberté et l'égalité, ou de mourir à leur poste en les défendant, comme aussi de protéger la sûreté des personnes, des propriétés et l'exécution de la loi et de remplir avec zèle et courage les fonctions de leurs charges. »

II. — De ce moment, les deux partis qui existaient dans la commune eurent chacun son club. Le parti d'opposition à la municipalité s'intitulait : « Société populaire des Amis de la liberté et de l'égalité. »

Ce parti cherchait par toutes sortes de manœuvres à compromettre la nouvelle municipalité, ou du moins à l'entraver dans l'accomplissement de sa tâche. Il lui adressa une pétition pour qu'on enlevât de l'église les bancs affectés au corps municipal, sous prétexte que « ces bancs étaient peints de fleurs de lis et des mots : *Banc de MM. les officiers municipaux.* »

Dans la séance du 6 janvier, le Conseil reconnut que « cette pétition n'avait d'autre but que de semer des divisions parmi les citoyens », que « les pétitionnaires soi-disant clubistes, au lieu d'être des amis de la Constitution, n'agissaient que par des motifs inciviques de royalisme et de feuillantisme. » Sur la demande de l'enlèvement des bancs, il décidait « qu'elle ne devait pas être accueillie, attendu qu'une société populaire, légalement organisée, composée d'environ cent citoyens, excellents patriotes, en demandait le maintien. » Quant aux fleurs de lis, « c'était à tort qu'on en réclamait la suppression, puisqu'elles avaient déjà disparu. »

Dans la même séance, le Conseil s'occupa d'une tracasserie mesquine, dont il avait été l'objet de la part du même parti. Le maire et les officiers municipaux, « ayant assisté à la grand'messe de paroisse, comme d'habitude », Amiel Couloubri et plusieurs autres placèrent leurs chaises de manière à enfermer MM. de la municipalité dans leurs bancs et à les empêcher de quitter leurs places. « Il fut impossible, au valet de Ville, assis à côté du maire, de sortir du rang pour aller allumer un cierge, ainsi qu'on lui en donnait l'ordre ; il fut aussi impossible au distributeur de pain bénit d'approcher du banc municipal. » De plus, les perturbateurs, « tout en feignant de chanter des hymnes, ne cessaient d'injurier la municipalité par paroles ou par menaces. » Le Conseil se contenta de flétrir ces procédés enfantins, comme ils le méritaient.

III. — La municipalité, s'inspirant de l'esprit qui animait la Convention, ne tarda pas à montrer de l'hostilité vis-à-vis du curé. Elle commença par demander la diminution de son traitement.

La loi du 2 novembre 1789, en mettant les biens ecclésiastiques à la disposition de la nation, avait spécifié « qu'il ne pourrait être assuré à la dotation d'une cure moins de douze cents livres, non compris le logement et les jardins en dépendant. » La Constitution civile du clergé avait fixé le traitement des curés dans les paroisses au-dessus de mille âmes à quinze cents livres. Celui de Guibert avait été fixé, d'après le chiffre de la population, fourni par la municipalité, à cette somme.

Le Conseil réclama (11 février 1793) auprès du Directoire « contre l'erreur de l'ancienne municipalité », la population ne comptait que neuf cent trente-huit habitants (1) » ; il demanda que le traitement fût ramené au chiffre légal (1.200 livres).

Tandis qu'il demandait la diminution du traitement du curé, le Conseil augmentait de moitié le traitement du

(1) En 1856, la population était de 1.289 habitants ; en 1901, elle était de 2.016.

régent et celui de la régente des écoles. Il est vrai que le régent des garçons était secrétaire greffier et qu'à ce titre il jouissait d'une grande influence sur les municipaux, la plupart hommes sans instruction, qui, inconsciemment, allaient assumer, aux yeux de l'histoire, une grave responsabilité.

A la mort de l'infortuné Louis XVI, Guibert avait prononcé quelques paroles dans lesquelles ont cru voir une allusion à ce crime ; on ne pouvait le lui pardonner, son titre de curé constitutionnel ne le mettait pas à l'abri de toute suspicion.

Le 11 avril 1793, le Conseil général se réunit ; un grand nombre de citoyens se rendirent à cette séance. Le Procureur de la commune fit un réquisitoire violent contre Guibert. « Le devoir de sa charge, dit-il, l'obligeait à veiller à l'exécution des lois et au maintien de l'ordre public. Or, il voyait avec douleur que la conduite du citoyen curé produisait dans la commune des effets préjudiciables à l'ordre public. » « Se faisant l'interprète des plaintes à lui portées par plusieurs citoyens, la plupart présents », il articula quatre griefs contre Guibert ; il l'accusa d'incivisme, d'exactions, d'agissements et d'inconduite.

1° Sur le chef d'incivisme, il lui reprocha de n'avoir pas satisfait au décret du 5 février précédent qui obligeait tous les fonctionnaires publics à justifier, dans le délai de quinzaine, d'un certificat de civisme au Directoire du département. « Ayant conservé un poste qu'il occupait avant la Révolution et dans lequel il n'avait été maintenu par aucune nomination populaire, il n'était pas dispensé de l'attestation de son civisme et aurait dû s'adresser à la municipalité pour solliciter un certificat. » « En ne se conformant pas à la loi, il s'était montré mauvais citoyen. »

2° Sur le chef d'exactions, il accusait Guibert « d'avoir

enfreint la loi qui supprimait le casuel, en exigeant vingt-quatre sous pour la cérémonie des relevailles des femmes. »

3° Sur le chef d'agissements, le Procureur accusait « le pasteur d'agiter *sourdement* ses ouailles pour les porter à méconnaître les autorités constituées et censurer leurs actes. » En outre, « au lieu de prêcher la soumission à la loi, il en prêchait le mépris en disant hautement que le *crime demeurait impuni* et que la République était sans loi. »

4° Sur le chef d'inconduite, le Procureur portait des accusations conçues en termes vagues, sans spécifier aucun fait, et terminait en invitant Guibert à user de la nouvelle loi qui permettait aux prêtres de se marier.

Le Conseil général, après avoir écouté ce réquisitoire, décida, à l'unanimité des seize membres présents, « d'avertir sans retard les corps administratifs que le curé avait perdu la confiance de ses paroissiens et que les mesures les plus promptes devaient être prises afin qu'il fût pourvu à son remplacement. »

Guibert, ayant eu connaissance de ces accusations, s'adressa au Conseil général pour obtenir le certificat de civisme, qu'on lui reprochait de n'avoir pas sollicité. Le Conseil le lui refusa ; mais, dans la même séance, il l'accordait à tous ceux qui y étaient astreints et qui avaient négligé jusqu'alors de le demander.

Le désaccord continuant, le Conseil refusa de lui délivrer le certificat de résidence, nécessaire pour percevoir son traitement. Sur injonction du Directoire, il finit par s'exécuter et voulait obliger le curé à se présenter en personne pour le retirer.

Guibert adressa ensuite au district un mémoire pour se justifier des griefs articulés contre lui. A son tour, il accusa les membres de la municipalité de manquer de civisme et tourna en ridicule leur républicanisme. Il rappela combien il avait fait acte de patriote en donnant pour les besoins de l'armée jusqu'à six cents livres. Il se plaignit de l'hostilité du Conseil qui ne voulait faire aucune réparation à la maison curiale; elle tombait en ruines, disait-il, et avait dû l'abandonner; depuis plus d'un an, il était logé dans une maison appartenant à son oncle, où il avait placé une partie de ses meubles ; ceux qu'il avait laissés dans le presbytère n'étaient pas en sûreté, il demandait qu'ils fussent mis sous la sauvegarde et la responsabilité de la municipalité.

La demande de Guibert fut prise en considération. Un arrêté du district mit ses meubles sous la sauvegarde de la municipalité. Cet arrêté notifié au Conseil produisit une vive irritation sur les membres de l'assemblée dans la séance du 4 octobre 1793. Ils protestèrent contre les accusations de faux civisme et faux républicanisme et firent valoir tous les sacrifices qu'ils s'étaient personnellement imposés depuis le commencement de la Révolution. Ils déclarèrent en outre que la maison curiale ne tombait pas en ruines, puisque le curé y avait laissé ses meubles les plus précieux et concluaient que, au lieu de déférer à la demande de Guibert, la commune serait fondée à lui réclamer des dommages-intérêts, à raison de la détérioration qui résultait pour l'immeuble de sa non habitation.

La plainte portée par le Procureur de la commune devant le tribunal du district de Béziers pour fait d'exaction à propos du casuel, avait suivi son cours. Conformément à la loi du 7 septembre 1792, Guibert fut déclaré déchu de sa place de curé de Montblanc et privé de tout traitement.

Comme conséquence de la même plainte, il fut arrêté pour incivisme et mis en prison à Béziers, au commencement de novembre 1793. La municipalité fit procéder à l'inventaire des meubles existant dans sa maison particulière d'habitation, ainsi que des divers instruments agricoles et de la vaisselle vinaire qui se trouvaient dans son bâtiment rural ; des séquestres furent nommés pour administrer ces biens.

IV. — Le 16 mars précédent, trois officiers municipaux s'étaient présentés à la sacristie pour procéder à l'inventaire des meubles, ornements, ustensiles en or et en argent employés au service du culte. L'église possédait des vases sacrés précieux, ostensoirs, calices, ciboires ; elle avait aussi des bénitiers, croix, reliquaires, encensoir en argent ; le tout fut inventorié. Quinze mois plus tard (18 juin 1794), Julien, trésorier du district, les fit enlever et les dirigea sur l'Hôtel des monnaies.

V. — Les puissances étrangères avaient pris les armes contre la France. Un décret de la Convention nationale, du 24 février 1793, établit le recrutement militaire. Montblanc dut fournir deux hommes ; la municipalité vota le 7 avril six cents livres pour leur équipement et décida que cette somme serait avancée par six citoyens qu'elle désigna. Le 28 avril, ordre arriva de faire rendre au dépôt, à Pézénas, dix lits montés dans le délai de vingt-quatre heures ; le Conseil désigna les dix contribuables qui devaient les fournir.

Bientôt une lettre du Procureur-syndic du district de Béziers annonçait que « la Patrie était en danger, que les troupes espagnoles avaient tenté d'envahir le territoire de la République. » La municipalité fit « appel aux bons patriotes, les engageant à voler aux frontières. » Quarante-huit volontaires se présentèrent : on les équipa sommairement et on les dirigea sur Béziers. En route, des gendarmes leur donnèrent contre-ordre ; « sur ce, ils rétrogradèrent. »

Un arrêté du district (20 avril) avait ordonné qu'un registre fût ouvert dans chaque commune pour recevoir les engagements volontaires. Montblanc devait fournir vingt hommes. Le 5 mai, la municipalité, précédée d'un détachement de la garde nationale, fit le tour du village pour porter cet arrêté à la connaissance du public. De retour à la maison commune, elle trouva vingt hommes demandant à être inscrits, à condition qu'on assurerait trente sous par jour à leurs familles et qu'on leur payerait un mois par avance. Séance tenante, le Conseil désigna dix citoyens pour fournir la somme de neuf cents livres, représentant la solde du premier mois.

En prévision des besoins de l'armée, conformément à un arrêté du département, on avait nommé, le 7 mars 1793, une commission, chargée de faire le recensement des grains qui se trouvaient dans la commune, avec défense de les vendre sans autorisation. Cette mesure ne plaisait pas à tous les propriétaires ; certains essayèrent clandestinement de s'y soustraire. Le 3 septembre, à minuit, on saisit devant la porte de l'église trois charrettes, chargées de blé, dont les conducteurs étaient munis de faux passeports à destination de Lodève.

La situation s'aggravait dans le Roussillon ; des commissaires spéciaux furent envoyés dans toutes les communes pour « encourager le patriotisme et engager les bons républicains à voler à la défense de la Patrie. » « Leurs discours, écoutés par un grand nombre de citoyens de tout sexe et de tout âge, excita le feu qui brûlait dans l'âme de tous les patriotes, lesquels parurent disposés à courir où le danger, l'honneur et la victoire les appelaient. »

Sept jours après (17 septembre 1793), vingt-deux jeunes gens « requis pour marcher à la défense du pays », demandèrent que la commune pourvût à leur équipement. On vota la somme de dix-huit cent cinquante-neuf livres pour « leur fournir les objets les plus nécessaires. »

Mais les hommes ne suffisaient pas ; on réquisitionna

les chevaux et les juments pour la cavalerie ; deux mois après, on fit une levée extraordinaire de mules.

Il fallut aussi s'occuper de l'équipement et de l'entretien des armées. Deux délégués de l'administration du district vinrent, le 21 février 1794, se faire remettre les selles, brides, houppes, couvertures, bottes à l'écuyère, éperons, et tous les objets nécessaires pour les troupes à cheval. On réquisitionna, en même temps, tous les souliers à double semelle pour les fantassins. On en trouva dans la commune quatre-vingt-sept paires « passablement bons » ; les cordonniers du pays les estimèrent au prix de quatre cent cinquante-six livres. Deux officiers municipaux furent délégués pour les porter à Béziers et « retirer la somme, si c'était possible. »

Pour nourrir les troupes, on réquisitionna le blé, le seigle et le vin pour les hommes ; les avoines pour les chevaux. La quantité de grains que durent fournir les principaux propriétaires de la commune monta, d'après les relevés faits sur les pièces officielles, à quatre cent quarante-cinq quintaux froment, cent soixante quintaux seigle, auxquels s'ajoutèrent cent muids de vin et six pièces de trois-six. On avait tellement vidé les greniers que Pellet de Bellevue et les sequestres de Coussergues durent demander du blé au district pour pouvoir ensemencer leurs terres.

Les propriétaires étaient obligés de transporter eux-mêmes, dans un délai fixé, à Béziers ou à Pézénas, les grains réquisitionnés, sous peine de détention et d'une amende égale à la valeur « des objets requis. » Bien plus, un arrêté du district (8 mars 1794) prescrivit que toutes les charrettes fussent rendues à Narbonne dans les vingt-quatre heures, pour le transport des fourrages à l'armée des Pyrénées-Orientales. Les charrettes existant alors dans la commune étaient au nombre de quinze.

Le Conseil général favorisait aussi à sa manière l'esprit militaire ; le 28 février 1794, il délivra au citoyen Escudier, sous-lieutenant au 3me bataillon de l'Hérault, un certificat « comme réunissant les qualités d'un bon républicain et vrai sans-culottes. »

Toutefois la levée en masse des volontaires pour l'armée « mettait l'agriculture en souffrance. » Le Conseil général s'en émut ; le 14 mars 1794, il exposa au Représentant du peuple « qu'il serait nécessaire de concilier les besoins de l'armée avec ceux de l'agriculture et qu'il conviendrait de laisser les volontaires de la commune dans leurs foyers durant l'époque des travaux. »

L'accaparement du fer par l'Etat en vue du service de l'artillerie contrariait aussi le labourage. Le 26 juillet 1794, la commune députa un officier municipal avec le maréchal Gondard vers l'administrateur du district « à l'effet d'obtenir trente quintaux de fer pour réparer les reilles et ferrer le bétail. »

III. — LA TERREUR

I. — Pendant que le pays luttait contre les ennemis du dehors, un régime de proscription et de sang pesait sur la France ; la période connue sous le nom de *Terreur* avait commencé.

Un décret de la Convention ordonna qu'un « comité de surveillance fût formé dans chaque commune pour veiller au maintien du bon ordre, à la tranquillité publique, ainsi que sur les citoyens *suspects* et sur toutes les entreprises des ennemis de la République. » Le 28 mai 1793, le Conseil général désigna les trois membres qui devaient former ce comité et correspondre avec le comité de Béziers.

Le 10 septembre, des commissaires spéciaux chargés de

visiter les communes du district, afin de s'assurer si la loi concernant les gens suspects était exécutée, se rendirent à Montblanc. Il leur fut répondu « que la commune était toujours restée dans les bons principes du pur républicanisme et qu'on n'avait jamais trouvé personne de suspect. »

Cependant, deux mois plus tard, le baron de Sarret, propriétaire de la vaste terre de Coussergues (1), était arrêté, sous le prétexte que ses deux frères étaient portés sur la liste des émigrés, et jeté comme suspect dans les prisons de Béziers. Le district enjoignit à la municipalité de mettre, sans délai, le sequestre sur tous les biens dépendant de ce domaine, ainsi que sur toutes les récoltes et cabaux qui s'y trouvaient.

Le 17 juillet 1793, parut un décret obligeant tous les ci-devant seigneurs et nobles, notaires et autres détenteurs de titres féodaux à les déposer pour être brûlés. Depuis 1726, il n'y avait plus de notaire à Montblanc ; mais les minutes des anciens notariats restaient. Or, il existait dans les minutes du notariat Nauthon, déposées à S.-Thibéry, un cahier des reconnaissances féodales du lieu de Montblanc, dressé en 1710. Ce cahier fut détaché du registre, remis à la municipalité et brûlé le décadi 10 nivôse an II (30 décembre 1793).

II. — L'argent manquait, les assignats avaient perdu plus des deux tiers de leur valeur. Un décret réclamant un milliard établit l'*emprunt forcé*, le faisant tomber sur les citoyens riches, suivant leurs revenus. Le 2 février 1794, le Conseil général nomma six commissaires « pour remplir

(1) La terre de *Coussergues* fut vendue avec la seigneurie par le roi Charles VIII, en janvier et février 1494, à Pierre Raymond de Sarret, huitième aïeul de M. le baron Emmanuel de Sarret, propriétaire actuel. — Coussergues avec ses annexes *Castelfort, Montmarin* et *Saint-Jean de la Cavalerie,* est restée seigneurie particulière jusqu'en 1789.

les vues de la loi relativement à cet emprunt. » Mais où était l'argent dans Montblanc, qui n'avait jamais compté de familles riches ?

Le blé avait été apporté dans les greniers du district et la récolte n'avait pas été abondante ; on devait en ménager la consommation. Un arrêté du 26 février 1794 fixa la ration pour chaque individu à raison d'une demi-livre de pain par jour ; pour les ouvriers, occupés aux travaux de la terre, la ration fut portée à trois quarts de livre.

En présence de la dépréciation des assignats et du manque de récolte, les denrées étaient montées à un prix exorbitant. D'autre part, la guerre tenant éloignés des champs un grand nombre de jeunes gens, les ouvriers profitaient de cette situation pour augmenter leurs salaires.

La Convention fit un décret connu sous le nom *de loi du maximum*. Les municipalités devaient fixer pour la vente des denrées un prix qu'il ne serait jamais permis de dépasser ; elles devaient aussi fixer le salaire de la journée des ouvriers en prenant pour base le salaire de 1790, auquel on ajoutait la moitié en sus.

Le 13 février 1794, le Conseil fixa le salaire des travailleurs à trente-cinq sous par journée et le salaire des femmes à dix sous. Au mois de juin, à la veille de la rentrée des récoltes, elle fixa le prix, à forfait, pour chaque moissonneur avec sa lieuse de gerbes à quatre livres par sétérée de terre en blé, ou en seigle, et à trois livres pour la sétérée en avoine. Le prix pour le faucheur de foin ou de luzerne fut fixé à trois livres par sétérée à forfait et à trois livres pour la journée ordinaire.

Le Conseil fixa aussi le prix maximum des diverses denrées, fruits, légumes croissant sur le territoire, savoir : poires, pommes, prunes, abricots, pêches, haricots, betteraves, ails, etc., etc.

Ces prix ne furent pas toujours respectés ; à plusieurs

reprises, on eut « à se plaindre de certains artisans et journaliers qui faisaient payer le double du prix maximum » ; la municipalité dut sévir pour arrêter ces abus (17 novembre 1794).

III. — Cette période fut féconde en vexations de toutes sortes, sous prétexte de *Salut public.*

Un arrêté du Département défendit, sous peine d'être traités comme suspects, à tous les citoyens *d'égorger* aucun agneau, veau, ni brebis pendant une année, « parce que la grande consommation qui en était faite pouvait épuiser les espèces et par suite tarir une source précieuse de subsistances. » Le Conseil général nomma, le 28 octobre, deux commissaires pour veiller à l'observation de cette défense.

Un autre arrêté ordonna que des commissaires fussent nommés pour surveiller la *déclaration des huiles.* Le 28 décembre, le Conseil général désigna ceux qui devaient remplir la charge. Cette mesure fut aggravée par « le froid excessif et le long séjour de la neige qui, quelques semaines plus tard, tuèrent les oliviers. »

La tiédeur semblait s'emparer de certains fonctionnaires ; le Conseil du district de Béziers nomma le 8 décembre 1794 une commission chargée de prendre le vœu du peuple dans le canton de Servian relativement à l'épuration et à la réorganisation des autorités constituées. Trois citoyens furent désignés par le Conseil pour faire partie de cette commission. Il paraît qu'à Montblanc, tous les fonctionnaires étaient irréprochables, puisque aucun ne fut remplacé. Cependant l'instituteur public qui était en même temps secrétaire-greffier dut opter pour son premier emploi ; la loi ayant déclaré incompatibles les deux fonctions.

La création de ces nombreuses commissions donnait un surcroît de travail à l'agent national de la commune ; le

Conseil général, d'autre part, siégeait presque en permanence. On forma plusieurs comités : le comité d'exécution, le comité des subsistances, le comité de secours, le comité des auditeurs de comptes chargé de vérifier la comptabilité communale (1er janvier 1795). Le travail des écritures était si considérable qu'on donna un adjoint au greffier de la commune.

La misère grandissait. A l'entrée de l'hiver 1794, la municipalité acheta trente quintaux de châtaignes, qu'elle distribua aux indigents, ainsi que quatre cent quarante-trois livres haricots noirs, deux cent trente-huit livres haricots blancs, cent soixante-cinq livres lentilles et douze sétiers et demi blé qu'elle avait reçus des greniers du district.

IV. — Au milieu de la tristesse qui planait sur le pays, une note gaie parfois se faisait entendre.

Le 22 novembre 1794, pendant que le Conseil était en séance, les frères Glaussel et J. Routié se présentent et « reprochent à la municipalité de ne pas faire le droit. » Le trouble occasionné par cette provocation empêche l'assemblée de continuer à délibérer ; les perturbateurs sont expulsés. Sur la place, ils trouvent d'autres mécontents qui font cause commune avec eux et, s'adressant au corps municipal : « A la guillotine ! à la guillotine ! » clament-ils.

Dénoncés au commissaire national près le tribunal de Béziers, les trois chefs sont arrêtés et mis en prison.

Interrogés, ils répondent « qu'ils allaient à la commune demander du pain pour leurs enfants, qu'ils voyaient mourir de faim » ; et devant le refus qu'on leur faisait, ils n'avaient pu contenir leur indignation. Le commissaire de la République, mû par un sentiment d'humanité, les fit mettre en liberté.

Renseignements pris, il arriva qu'aucun des trois n'avait

d'enfant et en outre ils étaient approvisionnés de grains pour plus de deux mois.

Les levées en masse des jeunes gens qu'on expédiait en hâte aux frontières et que, par antinomie sans doute, on appelait *volontaires*, ménagea quelque surprise.

Le 28 décembre 1794, au moment du départ, deux volontaires se trouvèrent subitement atteints d'une grave maladie. Le médecin, envoyé d'office, constata qu'en effet les deux volontaires étaient atteints d'une maladie fort sérieuse, *la maladie de lâcheté.* Comme remède, il ordonna la réquisition de deux gendarmes et les volontaires furent guéris à l'instant.

L'ardeur martiale des premiers jours s'était refroidie ; le 3 mai 1795, le maire recevait avis que trois volontaires originaires de Montblanc avaient déserté et qu'une garnison de deux hommes allait être établie chez leurs parents jusqu'à ce que les réfractaires eussent rejoint leurs corps.

Au mois de juillet, « l'esprit de révolte se manifesta dans l'Aveyron » ; le district ordonna une levée de volontaires : Montblanc devait en fournir deux ; personne ne se présenta ; on fut obligé de les désigner par la voie du sort (3 août 1795).

La soumission à la loi du recrutement militaire demanda beaucoup de temps ; le 13 avril 1801, la force armée dut encore se rendre à Montblanc pour « contraindre au départ les réquisitionnaires et conscrits qui n'avaient pas répondu à l'appel ou qui avaient déserté. »

V. — Au moment où le curé Guibert avait été mis en prison, soufflait un vent d'impiété qui de Paris s'étendait sur toute la France.

Le 5 octobre 1793, la Convention avait décrété l'usage d'un nouveau calendrier qui divisait les mois en trois décades, supprimait le dimanche et fixait le jour du repos au décadi.

La Commune de Paris avait transformé Notre-Dame en temple de la Raison et y avait fait célébrer la fête le 10 novembre.

Le 18 du même mois, le Conseil du département de l'Hérault défendit aux ministres du culte de paraître en public pour quelque fonction que ce fût avec le costume ecclésiastique ; il ordonna que les croix et toutes les marques extérieures du culte fussent abattues, toutes les cloches, à l'exception d'une seule, enlevées. Deux cloches de l'église et celle des Pénitents furent descendues et prirent le chemin de quelque fonderie pour être transformées en canons.

A la suite du décret du 7 mai 1794, qui instituait les fêtes décadaires, la municipalité, imitant la commune de Béziers, affecta l'église au culte de la Raison. Dès lors, elle se crut obligée de faire disparaître du temple tout ce qui rappelait l'ancien culte.

Les bénitiers et les fonts baptismaux furent abattus ; les autels des chapelles « avec leurs embellissements » furent démolis et les matériaux déposés à côté ; le maître-autel fut conservé pour servir d'autel de la Patrie, mais le superbe rétable qui le dominait fut démoli, les ruines pesant environ six quintaux furent apportées dans la chapelle des Pèlerins. La statue de la sainte Vierge fut descendue de la niche et déposée dans un coin de la chapelle du Suffrage ; la chaire à prêcher fut conservée pour servir de « tribune aux harangues » ; on ne toucha pas aux confessionnaux.

Comme on le voit, la municipalité fit le moins de destructions possible ; elle ne montra pas cette haine féroce contre les objets religieux qu'on rencontra malheureusement trop ailleurs. Si elle faisait démolir les autels, c'était plutôt par crainte d'être soupçonnée d'attachement à l'ancien culte que par exaltation antireligieuse.

Au reste, pendant cette période, l'église ne fut l'objet

d'aucune profanation publique ; aucun club, aucune réunion profane n'y fut tenue ; on ne voit pas même dans les livres officiels que les quatre grandes fêtes instituées par le décret du 7 mai 1794 y aient été célébrées.

VI. — Pendant que tout exercice du culte était supprimé, Guibert languissait au fond de sa prison. Il pouvait alors méditer sur la contingence des événements et l'ingratitude des hommes. Lui, qui avait cru, en prêtant le serment sacrilège, conserver sa tranquillité, se trouvait privé de liberté. Lui, qui, par intérêt, avait trahi ses devoirs les plus sacrés, manquait du nécessaire ; après la moisson, il demandait au district que « le prix de la ferme de son bien fût versé non dans les mains des séquestres, mais dans les siennes, attendu que, privé de toute pension depuis neuf mois qu'il était en prison, il n'avait pas de quoi vivre. »

Il pouvait penser à ses confrères demeurés fidèles, qui erraient sur les chemins d'Italie ou d'Espagne, mendiant un morceau de pain, mais qui du moins avaient la paix, la joie que donne la satisfaction du devoir accompli ; en s'éloignant de leurs paroisses, ils avaient emporté l'estime de tous, et lui, avait été dénoncé par ses paroissiens eux-mêmes.

Ces réflexions vinrent certainement à son esprit et dans le fond de la conscience regretta-t-il sa faute. La crainte du châtiment qui aurait suivi sa rétractation (la peine de mort) l'empêcha, sans doute, d'en faire l'aveu.

A côté de Guibert, se trouvait en prison le baron de Sarret. Il était détenu depuis environ onze mois, quand les représentants du peuple Goupilleau et Perrin se rendirent à Béziers pour juger les suspects. Le Conseil général de la commune, se souvenant du bien que la famille de Sarret avait fait au pays, se réunit (10 octobre 1794) et députa auprès desdits représentants trois officiers municipaux et le secrétaire greffier « pour se porter garants des principes républicains du détenu et obtenir de leur justice sa libération. » Leur démarche fut couronnée de succès.

Guibert, à son tour, comparut devant le tribunal révolutionnaire. Le crime d'incivisme, dont on l'accusait, ne put être solidement établi ; comment celui qui, dès le début, s'était montré si complaisant pour ce régime aurait-il cherché à le trahir ? Au reste, à la suite des événements du 7 thermidor an II (27 juillet 1794, chute de Robespierre), une détente s'était produite dans la répression des suspects. Guibert fut mis en liberté, fin octobre 1794 ; il était resté près d'un an en prison.

Pendant les années qui suivirent, il vécut dans la retraite. A la restauration du culte, il fut nommé curé de Neffiès, où il mourut le 3 avril 1827, âgé de soixante-seize ans. Il légua à l'église de Montblanc deux cents francs, voulant par là réparer le scandale qu'il avait donné en participant au schisme constitutionnel.

IV. — RÉACTION THERMIDORIENNE

I. — Le 13 février 1795, un nouveau représentant du peuple fut envoyé dans l'Hérault. Girot-Pouzol s'annonça comme venant réparer les malheurs causés par les factions et assurer la protection des personnes et des propriétés.

Il réorganisa la municipalité de Montblanc et nomma maire un homme connu pour ses opinions modérées, Jean-Pierre Pailhès, dit Boscou. Ce changement produisit une révolution dans le personnel municipal : l'instituteur public et le secrétaire-greffier donnèrent leur démission.

Le nouveau maire adressa le 22 avril une proclamation au peuple pour prêcher l'union entre tous les citoyens de la commune.

II. — La municipalité ne voulut pas recevoir les clefs de l'église sans qu'un inventaire fût dressé en présence des anciens maire et agent national.

Cet inventaire porte la date du 23 avril 1795. On y décrit d'abord l'état intérieur du temple : les autels, les fonts baptismaux, les bénitiers démolis ; on y détaille les moindres objets trouvés soit dans le chœur, soit dans les chapelles, soit dans les armoires appartenant aux confréries. On énumère longuement ce qui était dans la sacristie : les meubles, les livres, les divers objets du culte, chandeliers, bénitiers, encensoirs, croix processionnelles, bouquets, etc., jusqu'à la quantité de cire laissée dans les caisses ; on mentionne aussi « deux tonneaux demi-muids vides, appartenant à la commune d'Agde », qui se trouvaient à l'intérieur de l'église, près de la porte principale.

La persécution contre le clergé avait perdu de sa violence à la suite du 7 thermidor ; un mouvement s'était dessiné en faveur de la liberté du culte.

Après un décret du 21 février 1795, autorisant l'exercice du culte, mais défendant aux communes de louer les églises aux fidèles pour s'y réunir, ce qui en fait maintenait la prohibition du culte, parut, le 30 mai, un nouveau décret qui « rendait provisoirement aux citoyens, dans les lieux où les églises n'avaient pas été vendues, le libre usage de ces édifices pour l'exercice du culte, sous la surveillance des autorités constituées. Nul ne pouvait remplir le ministère d'un culte dans ces édifices sans s'être fait décerner acte devant la municipalité de sa soumission aux lois de la République. »

Dès que ce décret fut connu, « la population se présenta presque en masse » devant le Conseil général de la commune (13 juin 1795). Le citoyen Bonnafi, prenant la parole au nom de tous, demanda la faculté de se servir de l'église pour y exercer le culte qui y avait été ci-devant pratiqué. »

Le Conseil décida que les clefs de l'église seraient remises au citoyen Bonnafi et que la municipalité se rendrait aux assemblées afin d'y maintenir l'ordre.

L'église fut rouverte ; les fidèles purent y aller prier en toute liberté ; on se réunissait les dimanches et les fêtes. Si l'on ne pouvait incliner la tête devant le Dieu de l'autel, on chantait du moins les prières et les hymnes anciennes ; on chantait le *Gloria in excelsis* pour remercier Dieu d'avoir rendu le temple, en attendant qu'il rendît le ministre ; on chantait le *Credo* pour affirmer l'indéfectibilité de la foi chrétienne.

III. — A la même époque, le district prescrivit la vente de la terre de la Condamine et du presbytère, comme biens nationaux.

Le Conseil général protesta contre la vente de la *Condamine*, qui « depuis un temps immémorial était communale, disait-il, et servait à la dépaissance des bestiaux aratoires. »

Le Conseil général se trompait : la communauté avait joui de la terre de la Condamine en vertu de son contrat d'abonnement avec le prince de Conti ; mais la Condamine était toujours restée bien royal et n'avait jamais été soumise à la taille ; par suite, elle se trouvait dans la catégorie des biens nationaux ; elle fut donc vendue.

Quant au presbytère, le décret du 2 novembre 1789, qui avait « mis les biens ecclésiastiques à la disposition de la nation », spécifiait que les presbytères feraient partie de la dotation des curés ; mais depuis dix-neuf mois il n'y avait plus de curé à Montblanc, le presbytère n'était pas occupé ; le gouvernement se croyait autorisé à le vendre.

La municipalité, animée de bons sentiments et prévoyant que le culte ne tarderait pas à être rétabli, offrit en échange du presbytère la maison commune ; le presbytère devait être affecté au service de l'instruction publique. La maison commune fut en effet vendue au profit de la nation.

La loi du 18 germinal an X, ayant par le soixante-douzième article organique du Concordat statué que « les presbytères et les jardins attenants *non aliénés* seraient rendus aux curés », le presbytère de Montblanc redevint ce qu'il était avant la Révolution. Le Conseil d'Etat put bien, dans la séance du 22 janvier 1805, émettre l'avis que les églises et les presbytères étaient des propriétés communales : cet avis ne pouvait prévaloir contre une disposition législative.

IV. — On aménagea dans le presbytère, au premier étage, un appartement qui servit pour l'école des garçons.

La maison commune devenait presque inutile à ce moment-là. Un décret de la Convention supprima les Conseils généraux des communes et les remplaça par un *Conseil cantonal* « composé d'un agent municipal et d'un adjoint pour chaque commune, ayant à sa tête un président. » Ce Conseil tenait ses réunions au chef-lieu de canton. Le 6 octobre 1795 eurent lieu les élections pour nommer la nouvelle municipalité. Jean Amiel aîné fut nommé agent municipal, et Paul Pailhès aîné adjoint (1). Le parti qui se trouvait au pouvoir au moment où éclata la Révolution y revenait.

Quand les Conseils municipaux furent établis en 1800, on mit en état un appartement au rez-de-chaussée dans le presbytère et on en fit la salle de la mairie. Cela dura ainsi jusqu'en 1809, où le curé réclama la jouissance complète de la maison à laquelle il avait droit.

V. — L'église était ouverte depuis trois mois quand

(1) Tout ce qui concerne la vie communale de Montblanc, pendant quatre années, se trouve aux archives de Servian.

Antoine Baptistat, se disant prêtre, se présenta (8 septembre 1795) et déclara qu'il « se proposait d'exercer, dans l'étendue de la commune, le ministère du culte connu sous la dénomination de catholique, apostolique et romain », en se soumettant aux lois de la République.

Baptistat était clerc tonsuré au moment où fut votée la constitution civile du clergé : il figure sur les états de paiement du personnel ecclésiastique du district de Béziers pour un traitement de trois cents livres. Il profita de l'accalmie qui se produisit au milieu de l'année 1795 pour recevoir les ordres majeurs. L'évêque Pouderous (1), qui essayait de réunir les débris de son clergé constitutionnel, l'ordonna prêtre et l'envoya à Montblanc.

Baptistat était réellement prêtre, puisqu'il avait reçu le sacrement de l'ordre des mains de Pouderous qui, quoique schismatique, était réellement évêque ; mais il ne pouvait avoir aucune juridiction sur la paroisse de Montblanc, puisque Pouderous, qui l'envoyait, n'en avait aucune lui-même sur le diocèse de Béziers.

La population, ignorant les règles de l'Eglise touchant la juridiction nécessaire pour exercer validement le ministère pastoral et pressée d'ailleurs de reprendre l'exercice de la religion, accepta Baptistat. Ce fut toutefois sans enthousiasme ; son costume laïque et ses manières vulgaires contrastaient avec ce qu'on était habitué à voir chez le prêtre ; comme science ecclésiastique, son bagage était fort léger.

Baptistat s'installa dans le presbytère ; il exerça le culte, se renfermant dans l'intérieur de l'église.

A peine était-il arrivé que parut le décret du 29 septembre 1795, exigeant de tous les ministres du culte une

(1) Pouderous, curé de S.-Pons de Thomières, avait été élu évêque constitutionnel de l'Hérault le 1er mars 1791. Sacré à Paris le 3 avril, il avait pris possession de son poste à Béziers le jour des Rameaux.

déclaration ainsi conçue : « Je reconnais que l'universalité des citoyens français est le souverain, et je promets soumission et obéissance aux lois de la République. » Baptistat se hâta de s'y conformer (4 octobre 1795).

V. — LE DIRECTOIRE ET LE CONSULAT

I. — La Convention, après avoir vécu trois ans et trois mois, fut remplacée par le *Directoire exécutif*, le 27 octobre 1795.

Un décret du 5 septembre 1797 étendit au clergé l'obligation du serment de haine à la royauté et à l'anarchie, d'attachement et de fidélité à la République et à la constitution de l'an III. Baptistat souscrivit la nouvelle formule.

Au mois de décembre suivant, il commença à tenir les registres de catholicité, conformément aux décisions du concile national (constitutionnel) de Paris. Bien que ces livres portent en tête : « Registres des baptêmes, sépultures et mariages des catholiques de la commune de Montblanc », ils ne renferment que les actes des baptêmes. Serait-ce parce qu'il n'accompagnait pas le corps des défunts au cimetière qu'il ne mentionnait pas les sépultures ? Pour les mariages, craignait-il de se compromettre à cause de la loi qui avait décrété le mariage civil ?

II. — Le 11 novembre 1799 eut lieu le coup d'Etat connu sous le nom de *18 brumaire an VIII*. Le pouvoir passa aux mains de trois consuls, dont Bonaparte était le premier.

Le 28 décembre suivant, un serment ainsi conçu : « Je jure fidélité à la Constitution », fut demandé à tous les fonctionnaires, ministres des cultes, etc... Baptistat le prêta de grand cœur, comme il prêtera plus tard le serment de fidélité à l'Empire.

Le même jour, le Gouvernement prit cet arrêté : « Les citoyens qui étaient en possession au 1er jour de l'an II (22 septembre 1792) d'édifices destinés à l'exercice du culte continueront à en jouir. »

Baptistat crut qu'il pourrait désormais exercer en paix son ministère ; il se trompait : les difficultés allaient commencer.

Les *Conseils municipaux* venaient d'être établis ; le Préfet nomma les dix conseillers, avec Paul Pailhès aîné pour maire.

Depuis plusieurs années, Baptistat exerçait les fonctions de secrétaire de la mairie. Or, le 19 février 1801, le Conseil municipal, appelé à dresser le budget, refusa de voter le traitement du secrétaire et décida que, puisque Baptistat avait son habitation dans la maison commune, il était juste qu'il en payât le loyer, on en fixa le prix à soixante-quinze francs.

Le maire Pailhès donna sa démission ; Amiel aîné en remplit *provisoirement* les fonctions jusqu'au 24 septembre 1803, où il fut nommé définitivement.

Baptistat refusa de recevoir dans l'église, pour la cérémonie religieuse, la dépouille d'un homme connu comme pécheur public, décédé sans avoir donné aucune marque de repentir. La municipalité le dénonça ; mais, fort de son droit et soutenu par une partie de la population, il fit signer une pétition et obtint gain de cause.

Battus sur ce terrain, ses ennemis l'attaquèrent sur un autre. Les confréries avaient profité du premier moment de calme pour se reconstituer ; les Pèlerins et les Pénitents se réunissaient dans leurs chapelles ; ils avaient célébré solennellement leurs fêtes en 1800. Baptistat fut accusé d'avoir favorisé leur rétablissement et par suite de s'être mis en révolte contre la loi. Il eut encore raison ; aucune suite ne fut donnée à cette seconde plainte. A ce moment, les idées de modération à l'égard du clergé prévalaient en haut lieu ; le Concordat était déjà signé, et, bien qu'il ne fût pas encore exécutoire, on se relâchait, en pratique, de la sévérité des lois.

A la formation des cadres du clergé concordataire, Baptistat fut nommé desservant de Vieussan (mai 1804) ; en 1807, on le transféra à Causses et Veyran, où il mourut le 23 mai 1840, à l'âge de quatre-vingt-trois ans.

CHAPITRE SIXIÈME

Dix-neuvième Siècle

I. — RÉTABLISSEMENT DU CULTE

I. — Le dix-neuvième siècle s'ouvrit sur le Consulat. Bonaparte, couvert de lauriers et rêvant déjà de l'Empire, s'appliquait à calmer les divisions et à ramener la paix dans les esprits. Sa clairvoyance politique lui fit comprendre la force qu'il puiserait dans la pacification religieuse. Le 15 juillet 1801, il signa le Concordat avec le pape Pie VII.

Le premier article de cette convention déclarait que la religion catholique, apostolique et romaine serait librement exercée en France et que son culte serait public. Les articles suivants concernaient la création des nouveaux sièges épiscopaux, la nomination aux évêchés et aux cures, la nouvelle circonscription des paroisses, l'irrévocabilité de la vente des biens ecclésiastiques pendant la Révolution et le traitement qui, en compensation, serait assuré aux ministres du culte, etc.

Par suite de la nouvelle circonscription ecclésiastique, le siège épiscopal de Béziers fut supprimé ; l'évêché de Mont-

VUE DE MONTBLANC, prise des hauteurs du Moulin-à-Vent.

pellier étendit sa juridiction sur tout le département de l'Hérault.

Mgr Rollet, premier évêque nommé à Montpellier (2 décembre 1802), d'accord avec l'administration civile, s'empressa de reconstituer les paroisses. On leur donna en général l'étendue de la commune; la paroisse de Montblanc s'accrut de tout le territoire de Coussergues (1).

On choisit ensuite les titulaires des cures. Bernard *Vabre*, originaire de Servian, âgé d'environ quarante-cinq ans, fut nommé desservant à Montblanc. C'était un prêtre de mérite; il avait été condamné à la déportation pour refus du serment constitutionnel et avait dû se réfugier en Espagne. Pour des motifs que nous ignorons, il ne prit pas possession du poste; la cure resta vacante jusqu'au commencement de septembre 1804.

II. — *Barthès* (Jean-André), desservant de Roquebrun, fut nommé à Montblanc. Ce n'était pas un inconnu pour le pays; il y avait exercé les fonctions de vicaire quatorze ans auparavant.

Nommé curé de Valquières en 1790, il avait prêté serment à la constitution civile du clergé. Après la Terreur, il avait été attaché par Pouderous à l'église de La M..... (2); en juin 1802, il exerçait le culte à Nissan.

Barthès n'arrivait donc pas avec l'auréole du confesseur de la foi; il avait néanmoins des qualités d'administrateur;

(1) Avant la Révolution, *Coussergues* était une paroisse sous l'invocation de S. Martin, dépendant de l'évêché d'Agde. Le chapitre cathédral fournissait une congrue de 730 livres au curé et entretenait le sanctuaire ainsi que la sacristie.

Il est fait mention de l'église S.-Martin de Coussergues dans une bulle du pape Adrien IV, de l'année 1156 (*Ecclesia Sancti Martini de Cotsanegues*).

Erigé en commune au commencement de 1790, Coussergues fut réuni à la commune de Montblanc à la fin de l'année suivante.

(2) Journal de Pouderous, 23 mars 1795.

c'était un esprit pratique. Il travailla avec méthode à la reconstitution de la paroisse.

A son arrivée, l'église se trouvait dans un état déplorable ; elle manquait de bien des objets nécessaires à la célébration décente du culte. Le conseil municipal reconnaissait (20 avril 1804) que « depuis nombre d'années aucune réparation n'avait été faite à l'édifice, que la toiture surtout et les vitrages avaient besoin d'être réparés. »

Secondé par les marguilliers, le curé para au plus pressé. Il acheta de seconde main un calice et un ciboire en métal argenté, ainsi qu'une chasuble et une chape noires. On plaça des vitres aux fenêtres qui en étaient presque complètement dépourvues ; on répara les portes et les serrures de l'église et de la sacristie.

Tout en s'occupant des intérêts matériels de l'église, le curé ne négligeait pas les intérêts spirituels de ses paroissiens ; le 16 novembre 1805, il présenta pour la confirmation dans l'église de Servian soixante-dix-huit personnes de tout âge.

Il fallut songer à créer des ressources pour faire face aux dépenses urgentes. On établit un droit de location sur les bancs et les chaises de l'église ; les confréries des Pénitents et des Pèlerins durent payer chacune une redevance de six francs pour droit de chapelle. On encaissa les rentes des confréries supprimées ainsi que leurs arrérages, remontant à douze ans.

Tout cela, joint au produit des quêtes et des droits casuels pour les services religieux, suffisait à peine. On acceptait avec reconnaissance les oblations volontaires des fidèles. Le 1er mai 1806, le maire Amiel fit don des deux drapeaux blanc et rouge, ainsi que des sept écharpes achetés en 1790. Ces objets servirent à confectionner un dais pour les processions du Saint Sacrement et des ornements pour le service divin. En même temps, le Conseil municipal votait la pose d'un banc pour la municipalité dans l'église et demandait que « la procession de la Fête-Dieu s'arrêtât devant la mairie, comme c'était l'usage, et qu'on donnât la bénédiction. »

III. — Les *Pénitents* et les *Pèlerins*, impatients de reprendre leurs offices, n'avaient pas attendu qu'on eût procédé à la réorganisation des paroisses pour « rétablir l'ancien ordre qui existait avant la Révolution. »

Le jour de la Pentecôte de l'année 1803, ils se réunirent en assemblée plénière dans la sacristie et déclarèrent que, « pour l'honneur de la religion et l'amour de la patrie, les deux confréries s'affiliaient pour toujours et à jamais l'une à l'autre. »

Ils réglèrent la question des préséances aux processions, il fut convenu que les Pèlerins passeraient les premiers ; ils décidèrent ensuite que chaque confrérie enverrait respectivement six de ses membres rendre les honneurs de la sépulture aux membres décédés de l'autre confrérie.

Le Conseil de fabrique, en leur imposant un droit de chapelle, fit naître chez eux des prétentions qu'on ne pouvait admettre. Les Pénitents revendiquaient la jouissance exclusive de la tribune ; quand quelque profane osait s'y aventurer, il en était impitoyablement chassé. Les Pèlerins, de leur côté, voulaient empêcher les fidèles de pénétrer dans la chapelle de S.-Jacques.

Le Conseil dut interposer son autorité et leur faire comprendre que la modique redevance, par eux fournie, ne pouvait leur donner des droits aussi étendus. Les Pèlerins furent bien autorisés à établir une balustrade qui les séparait du reste des fidèles, mais à la condition que la porte n'aurait pas de serrure, afin que tout le monde pût se placer dans la chapelle, sauf aux jours de leurs fêtes patronales.

Les cérémonies du culte ayant désormais toute liberté pour se produire, les deux confréries firent l'achat d'emblèmes religieux pour les processions. Les grands christs portés par des frères marchant nu-pieds, les falots aux coupoles et clochetons artistement travaillés, les confrères revêtus de leurs costumes et portant des bâtons dorés surmontés de la colombe du Saint-Esprit ou de coquilles, relevaient beaucoup la pompe de ces cérémonies ; mais les Pénitents, avec leur sac éclatant de blancheur et la longue queue de la cagoule flottant au vent, faisaient plus grand effet que les Pèlerins avec leur robe noire, leur camail garni de coquilles et le chapeau écrasé.

Les deux confréries étaient en pleine prospérité peu de temps après leur reconstitution. Dans le courant des années 1803-1804, les Pèlerins admirent trente-un nouveaux confrères. L'augmentation tenait à la suppression de l'article des anciens statuts qui obligeait les postulants à faire le pèlerinage de S.-Jacques.

Cette suppression eut encore pour résultat de laisser entrer l'élément féminin dans la pieuse association ; il faut cependant reconnaître que le nombre des sœurs pèlerines fut très restreint : on n'en compta que quatorze pendant la durée de la confrérie.

Les Pénitents et les Pèlerins voulurent avoir chacun une cloche pour annoncer leurs offices particuliers. La cloche des Pénitents, bénite en 1813, reprit la place de celle qui avait disparu pendant la Révolution. Les Pèlerins, qui n'en avaient jamais eu, firent construire en 1818, sur le faîte du mur de l'église, à droite du clocher, un tout petit campanile et y placèrent celle qui y est encore.

La confrérie du Rosaire, sauf pendant le temps où l'église demeura fermée, n'avait jamais cessé d'exister de fait. Elle voulut se donner une existence canonique, devenue nécessaire par suite de la suppression de tout l'ancien ordre ecclésiastique en France; une ordonnance de Mgr Fournier la rétablit le 21 mars 1809.

Les statuts apportèrent deux modifications à l'ancien règlement : d'abord la fixation de la fête principale de la confrérie au premier dimanche d'octobre, jour où l'Eglise fait la solennité du Rosaire; ensuite l'élection des dignitaires placée en ce même jour de la solennité et non au premier dimanche de janvier.

La confrérie compta beaucoup de femmes parmi ses membres; les hommes y entrèrent en petit nombre, en sorte qu'on dut bientôt renoncer à l'élection de deux prévôts; la direction de la confrérie fut alors laissée à la Mère, à laquelle on adjoignit une assistante.

IV. — Dès le commencement de l'année 1808, les ressources de la Fabrique permirent de faire quelques réparations à l'intérieur de l'église. On commença par le chœur, qui se trouvait « tout nu et dégradé »; on blanchit les murs et on plaça en arrière du maître-autel un grand tableau.

Deux ans plus tard, on profita du passage de deux ouvriers italiens, l'un sculpteur, l'autre peintre, pour décorer le sanctuaire. On éleva dans la courbe de l'abside un rétable orné de bas-reliefs, représentant des anges et autres motifs religieux, avec le buste du Père éternel tenant le globe terrestre à la main, au milieu d'une gloire; le tout fut relevé par des peintures. Les ouvriers qui exécutaient ces travaux étaient bien du pays des artistes, mais il paraît « que leur talent ne répondit pas à l'attente des fidèles et encore moins à la majesté du saint lieu (1). »

L'intérieur de l'église était enfin convenable; il n'en était pas de même de l'extérieur. Aucune réparation n'avait été faite depuis plus de vingt ans; l'édifice se trouvait dans un

(1) Délibér. du Conseil municipal.

grand état de dégradation. « Le mur de la façade portait sur une longueur de neuf mètres une large crevasse dans laquelle les ronces avaient poussé de profondes racines ; la toiture était couverte d'herbes parasites et les eaux pluviales filtraient à travers la voûte ; avec le temps humide, des masses de plâtre s'en détachaient et pouvaient occasionner un malheur. »

Le Conseil de fabrique avait, à plusieurs reprises, signalé cette situation au Conseil municipal sans recevoir satisfaction. Il voulut enfin dégager sa responsabilité « pour le cas où un accident viendrait à se produire » ; il s'adressa au préfet et à l'évêque (2 avril 1810).

V. — Cependant les fidèles ne doutaient pas que « l'église ne fût très solide » ; ils s'y rendaient comme d'habitude et y priaient avec ferveur. Les temps étaient mauvais ; les guerres de l'Empire pesaient lourdement sur les populations des campagnes en tenant loin des champs les hommes dans la force de l'âge. La gloire militaire, exaltée par les victoires des armées françaises, ne compensait pas le sacrifice de tant d'existences inutilement immolées.

La tristesse était grande dans le pays ; le maire défendait les divertissements du carnaval, si chers à la population. « Ce n'est pas, disait-il, au moment où un grand nombre de familles sont vivement affligées par le départ de leurs enfants qu'il convient de se livrer aux danses publiques. »

La chute de l'Empire n'excita aucun regret. Pour la fête de saint Louis (1814), un arc de triomphe monumental, décoré de guirlandes et d'emblèmes, fut dressé sur la place publique avec cette inscription : *Vive la paix !* Il y eut illumination générale, feu de joie, mât de cocagne, salves d'artillerie, parade de la garde nationale, etc. Tandis que trois ans auparavant la municipalité avait voté cent francs pour fêter la naissance du prétendu roi de Rome, elle votait une somme triple pour saluer la venue de celui qui apportait la paix.

Cette manifestation était d'autant plus significative que le roi Louis XVIII n'était autre que le comte de Provence, seigneur de Montblanc avant la Révolution, celui dont les agents avaient, durant de longues années, contrarié les aspirations légitimes des habitants.

VI. — Les revers de l'Empire eurent pour effet de rendre la liberté au pape Pie VII, que Napoléon tenait prisonnier à Savone ou à Fontainebleau depuis plus de quatre ans.

Le 4 février 1814, la voiture qui ramenait à Rome le Souverain Pontife s'arrêtait à la Roque. La population, avertie de son passage, s'y porta en foule pour recevoir la bénédiction du chef de l'Eglise. Le curé-doyen de Servian, Arnal, se fit l'interprète des sentiments des fidèles. Pie VII, comme témoignage de sa bienveillance, accorda, pour sept ans, une indulgence plénière à gagner un des trois jours de l'oraison des Quarante-Heures, ainsi que pour la fête de sainte Eulalie, patronne de la paroisse.

La municipalité nommée après le changement de régime avec Pellet et Gaspard Fabre pour maire et adjoint vota huit cents francs pour les réparations les plus urgentes à exécuter à l'église et au presbytère. Ce chiffre était loin de celui que proposait le devis dressé par l'architecte ; mais les finances municipales n'étaient pas dans une situation brillante, on s'en contenta.

Le curé Barthès, arrivé à soixante-quinze ans, sentit le besoin du repos. Vers la fin de l'année 1722, il se retira à Béziers et y mourut le 4 janvier suivant.

II. — PÉRIODE MODERNE

I. — *Pagès* (Jean-Jacques) prit possession de la succursale de Montblanc le 1er janvier 1823. C'était un homme de caractère ; il avait refusé de prêter serment à la constitution civile du clergé ; pour ce fait, condamné à la déportation, il s'était réfugié à Nice. Rentré en France pendant l'accalmie qui suivit le décret du 30 mai 1795, il s'était fixé à Béziers, mais n'avait nullement pactisé avec le schisme.

Il était aussi demeuré fidèle à ses convictions royalistes et avait été mis en surveillance par arrêté du département, pour refus de faire la promesse de fidélité à la Constitution de l'an VIII. A la Restauration du culte, il avait été nommé à Fontès.

Le nouveau curé s'occupa beaucoup des intérêts spirituels de la paroisse. Le 15 août suivant, il fit la cérémonie de la première communion, à laquelle prirent part quarante-six personnes âgées de treize à vingt-deux ans.

Il profita du Jubilé de 1826 pour faire évangéliser la paroisse. Le fruit qui résulta de ces pieux exercices fut appréciable ; afin d'en perpétuer le souvenir, on restaura la croix érigée sur le terrain du vieux cimetière et qu'on appelle depuis la *croix du Jubilé* (1).

L'année suivante, le Conseil de fabrique voulut améliorer une situation regrettable pour la chapelle de Notre-Dame. Il existait entre le mur de cette chapelle et la maison voisine une impasse d'une largeur d'environ un mètre, en sorte que l'église était dégagée jusqu'à l'abside. Les eaux qui tombaient dans cette impasse n'ayant pas un écoule-

(1) Cette croix a été entourée d'une grille, par les soins du Conseil de fabrique, en 1893.

ment suffisant déterminaient une grande humidité ; pendant l'hiver de 1827, l'autel de la chapelle croula.

Afin de prévenir pareil accident, on autorisa le propriétaire de la maison voisine à s'emparer de l'impasse et à faire porter le mur de sa maison sur celui de la chapelle jusqu'à la hauteur de la toiture.

En agissant ainsi, le Conseil commit une double illégalité : d'abord il aliéna un terrain qui n'appartenait pas à la Fabrique ; ensuite il greva de servitude l'église qui, n'étant pas dans le commerce, ne peut être soumise à la prescription.

Peu de temps après, le curé Pagès fut atteint d'anémie cérébrale ; du 15 octobre 1827 au jour de son départ, il ne fit aucune cérémonie ; les registres de cette époque portent la signature du curé de Valros, Aïn.

La paroisse souffrait de cet état de choses. Le contre-amiral baron de Sarret, pair de France, demanda au Conseil de fabrique de faire les démarches nécessaires pour obtenir un vicaire qui desservirait en même temps l'église de Coussergues.

Le vicariat fut érigé au mois de juillet (1). Pagès avait déjà quitté Montblanc ; il s'était retiré à Béziers où il mourut.

II. — Le 1er janvier 1829, *Gros* (Jean-Baptiste), né à Servian, prit possession de la cure de Montblanc. Il arriva avec l'ardeur de la jeunesse et le désir de relever la paroisse, qui en avait grand besoin.

Grâce à certains dons et aux revenus de la confrérie du Rosaire, on fit au-dessus de l'autel de Notre-Dame le rétable qui existe encore et qui a le tort d'être d'un style différent

(1) Le vicariat compta, du jour de son érection au 1er janvier 1871, vingt-quatre titulaires. Le titre a été supprimé à la suite de la loi de finances de 1884.

de celui de la chapelle. Des pilastres cannelés, avec chapiteaux à feuilles d'acanthe, supportent un entablement roman et servent de décor à une niche en plein cintre.

Mgr Thibault, nouvellement nommé évêque de Montpellier, vint faire la visite pastorale le 10 mai 1837. C'était la première fois, depuis le rétablissement du culte, qu'on voyait le Pasteur du diocèse à Montblanc ; la réception fut chaleureuse.

Pendant les onze années que le curé Gros demeura à la tête de la paroisse, on fit des réparations importantes à l'église, tant à l'extérieur qu'à l'intérieur. On créa le tambour, on plaça les fonts baptismaux dans l'ancienne chapelle de S.-Martin. On démolit le rétable qui encombrait le chœur et on mit à la place trois tableaux, dont celui du milieu représentait le martyre de sainte Eulalie (1) ; les autres représentaient S. Pierre et S. Jean l'évangéliste.

Ces tableaux de dimensions différentes, appliqués sur une surface courbe, faisaient le plus mauvais effet. En 1893, ils ont été enlevés et remplacés par des peintures fines, portant au premier plan Jésus enseignant entouré des quatre évangélistes.

Au commencement de l'année 1839, le curé Gros fit prêcher une mission par M. Rouby, ancien missionnaire de France, et le saint abbé Soulas. Les exercices furent clôturés le dimanche 10 février par la plantation d'une croix monumentale, qu'on appelle la *croix de la mission.*

L'abbé Gros était arrivé à une époque difficile; le changement de gouvernement, en 1830, divisa les esprits. Il ne se tint pas suffisamment à l'écart des partis et fut victime de son imprudence ; il quitta Montblanc la première semaine de Carême (1840) (2).

(1) Ce tableau fut remplacé, en 1854, par une toile représentant le Christ en croix d'après Rubens ; ces deux tableaux se trouvent maintenant dans la chapelle de sainte Philomène.

(2) L'abbé Gros fut nommé curé de S.-Bauzille de Montmel ; en 1882,

Ses ennemis triomphèrent de son départ et ne surent pas garder la mesure convenable dans la manifestation de leur joie.

III. — *Vernière* (Fulcran), originaire d'Aniane, professeur au Séminaire de Montpellier, succéda à l'abbé Gros. Il avait passé plusieurs années dans le clergé de Paris et y avait occupé des postes de confiance ; c'était un prêtre pieux, s'occupant beaucoup des œuvres de sanctification.

Il établit une *congrégation d'Enfants de Marie*, pour assurer la persévérance des jeunes filles après leur première communion et développer leur instruction religieuse.

Habitué à l'enseignement, il institua des conférences, où, sous forme de dialogue, étaient traités les points les plus importants de la doctrine. Ses *Entretiens sur le saint Sacrifice de la Messe*, composés dans ce but, ont été imprimés et dénotent un théologien à la dialectique serrée et un écrivain de mérite (1).

Après trente-trois mois de ministère, l'abbé Vernière fut nommé curé doyen de Capestang (décembre 1842), titre qu'il garda jusqu'à sa mort (26 août 1861).

IV. — *Barthès* (Jean-Pierre), originaire d'Agde, ne resta à la tête de la paroisse que trente-un mois.

Le pays était divisé depuis le départ du curé Gros ; l'abbé Vernière, malgré son grand tact, n'avait pu faire l'union ; Barthès fut victime de ces divisions ; en quittant Montblanc, il alla se fixer à Paris, où il mourut.

Sous son administration, la Fabrique fit paver le chœur de l'église en mosaïque et renouvela les marches du maître-autel, celles de la sainte table et des chapelles.

il se retira à Montaud, où il mourut le 13 janvier 1886, à l'âge de quatre-vingt-six ans.

(1) Béziers. Imprimerie Jean-Joseph Fuzier, 1842.

V. — *Cadenat* (Jean), natif d'Abeilhan, était professeur d'humanités au Petit Séminaire de Montpellier, quand il fut appelé à la cure de Montblanc (juillet 1845).

Esprit pondéré, il travailla à apaiser les divisions qui persistaient. Il établit la dévotion au Sacré-Cœur dans la chapelle dite du Saint Sacrement et fit placer au-dessus de l'autel un grand tableau représentant l'apparition de Notre-Seigneur à la bienheureuse Marguerite-Marie (1).

Au commencement de juillet 1851, il fut nommé curé de Marseillan, où il demeura jusqu'à sa mort, survenue le 4 septembre 1888 ; il était âgé de soixante-dix-sept ans.

III. — ÉPOQUE CONTEMPORAINE

I. — *Tailhades* (Alexis), qui succéda à l'abbé Cadenat, était originaire de Saint-Pons-de-Thomières.

Il avait jusque-là exercé son ministère dans la partie montagneuse du département et avait pris les mœurs simples des populations au milieu desquelles il avait vécu ; il aimait le peuple et parlait sa langue.

Cinq mois après son arrivée, une circonstance imprévue lui permit d'établir une dévotion qui lui était chère.

Le 2 décembre 1851 eut lieu le coup d'Etat qui ramenait l'Empire. La majorité des électeurs, attachés à la forme républicaine, menaçaient de résister par la force ; le curé Tailhades fit vœu d'ériger une chapelle en l'honneur de sainte Philomène, si des conflits graves ne se produisaient. L'ordre ne fut pas sérieusement troublé ; mais Montblanc fournit un large contingent aux futures « victimes du Deux-Décembre. »

(1) En 1888, ce tableau a fait place à une statue du Sacré-Cœur et a été mis sur le côté opposé dans la chapelle.

La crise passée, le curé s'empressa de réaliser sa promesse. Il choisit la chapelle où se trouvaient les fonts baptismaux ; on plaça un autel en marbre, au-dessus duquel furent posés une belle châsse renfermant la statue de sainte Philomène, reposant dans le calme du sommeil, et un grand tableau représentant l'apothéose de la Sainte.

Une plaque en marbre noir, fixée au mur, rappelle cette dédicace :

Ex voto pro pace inter cives
Hoc altare — 4^a die X^bris 1851.

« Cet autel a été érigé, afin de réaliser le vœu, fait le 4 décembre 1851, pour le maintien de la paix entre les habitants. »

II. — L'été de 1854 fut marqué par une épidémie qui, en peu de jours, fit cinquante victimes dans le village de Valros, comptant à peine cinq cents âmes ; à Montblanc, cinq personnes seulement, que leur profession mettait en contact avec le village contaminé, furent frappées.

La population était sous le coup de l'émotion causée par le passage du terrible fléau ; le curé Tailhades crut le moment propice pour établir une association ayant à la fois un caractère religieux et charitable, sous l'*invocation de S. Roch.*

Les membres de cette association s'engageaient « à pratiquer la religion et à la faire pratiquer dans leurs familles, surtout à sanctifier le dimanche et à demander les sacrements au moment de la mort. » Ils versaient une quotité et faisaient des quêtes dans le but de porter des secours à domicile.

La pieuse association choisit pour lieu de réunion la chapelle de S.-Jacques, à laquelle on adjoignit le vocable de S. Roch. Une statue de ce Saint fut posée au-dessus de l'autel ; on acheta un beau christ pour être porté aux processions et on le plaça en face la chaire, où il est encore.

L'association de S.-Roch, malgré son caractère philanthropique, ne compta jamais beaucoup d'adhérents ; elle ne vécut que peu de temps.

L'institution de cette association eut pour effet de réveiller le zèle des Pèlerins. Se voyant, non pas évincés de leur chapelle, mais forcés d'y faire une place aux membres de la nouvelle association, ils voulurent affirmer leur vitalité.

Depuis plus de dix ans, aucune réception n'avait eu lieu ; la célébration de leurs fêtes était languissante ; plusieurs confrères, éloignés pendant quelque temps pour des motifs politiques, se montraient peu zélés depuis leur retour. On crut qu'il suffirait pour relever la confrérie de rajeunir le règlement.

Le règlement nouveau (21 avril 1856) ne pouvait avoir beaucoup d'autorité puisqu'il ne portait que la signature du prieur, Giniès ; cependant il provoqua un mouvement en faveur de la confrérie ; aux fêtes qui suivirent, on compta treize réceptions. Ce mouvement ne continua pas ; des divergences de vue s'étant produites entre les Pèlerins et le curé, celui-ci se désintéressa de la marche de la confrérie, qui alla déclinant de jour en jour. Le 1er mai 1870, le trésorier encaissa pour la dernière fois les quotités des frères ; ils n'étaient plus que sept.

Les Pénitents, de leur côté, s'étaient relâchés ; depuis quelque temps, ils ne célébraient plus leurs offices ; la confrérie s'éteignit dans l'indifférence.

Pendant que les confréries d'hommes disparaissaient, la confrérie du Rosaire était florissante. Elle faisait des réparations à la chapelle, et plaçait une cloche destinée à appeler les Sœurs aux offices ; elle se donnait aussi un costume avec insignes, pour les cérémonies auxquelles elle assistait en corps (mai 1858).

III. — Le curé Tailhades était une âme ardente, étudiant les besoins de sa paroisse. Dans une page qui restera comme monument de son zèle apostolique, il fait la peinture de l'état religieux du pays. Il montre « les hommes désapprenant chaque jour le chemin de l'église » ; « les enfants courant en foule aux deux bals rivaux » ; la loi de Dieu profanée « par le constant et maudit travail du dimanche », etc.

Il voulut « porter remède à ces désordres, autant que possible du moins » ; il fit prêcher une mission par les Pères Capucins (janvier 1860) ; les exercices furent suivis, mais ne donnèrent pas les résultats qu'il espérait.

Il conçut alors le projet d'élever une chapelle à la Sainte Vierge à l'extrémité du chemin des Tombes ; le site est admirable, la vue embrasse un horizon des plus étendus. Il se proposait d'en faire un lieu de pèlerinage où « les populations seraient allées rendre grâces à l'occasion d'un événement heureux et où, dans les jours de tristesse, elles auraient imploré la protection toute-puissante de la Reine du Ciel. »

Ce projet, « accueilli avec faveur », ne put être réalisé à cause de la dépense considérable qu'il aurait entraînée.

Il songeait à faire de grandes réparations à l'église, quand la mort vint le frapper, presque soudainement, le 14 juin 1870, à l'âge de soixante-dix ans.

Peu s'en fallut qu'il vît l'accomplissement d'une prophétie qu'il avait faite. En présence de l'indifférence et de l'esprit d'irréligion qui allaient toujours croissant, il avait dit bien des fois qu'une catastrophe était imminente et que la France serait châtiée.

Un mois après sa mort, commença cette guerre terrible, qui amena le démembrement de la Patrie et la chute du second Empire.

Sa mort fut un deuil pour le pays. Une pierre sans

inscription, posée par la piété d'un paroissien, recouvre ses restes, en avant de la croix, dans le cimetière de l'époque.

Le curé Tailhades disposa de ses biens en faveur d'œuvres pies. Comme la plupart des établissements qu'il voulait favoriser n'étaient pas légalement reconnus, il eut recours à un tiers, en qui il avait toute confiance, pour assurer ses libéralités. Sa famille, ayant connu cette substitution, fit casser le testament.

IV. — Le veuvage de l'église de Montblanc ne fut pas long. L'abbé *Barrière* (Jean-Laurent) prit possession de la cure le 1er juillet suivant.

D'un extérieur humble, il ne semblait pas fait pour l'action ; il ne s'appliqua pas moins avec ardeur aux œuvres de son ministère, il fit même preuve d'énergie en certaines circonstances.

Au commencement de l'année 1872, la Confrérie du Rosaire plaça dans sa chapelle un autel en marbre de grande dimension dont le tombeau porte en haut-relief l'image de Marie Immaculée.

Mgr Lecourtier, qui n'avait pas encore visité Montblanc, vint, le 1er mai 1872, administrer la confirmation aux enfants.

Plusieurs travaux importants depuis longtemps jugés nécessaires furent exécutés à l'église dans le courant de l'année 1874.

A cette époque la vigne donnait de beaux revenus, la population était dans l'aisance, les fidèles rivalisaient de générosité pour le culte. Un legs consistant en immeubles et en une somme d'argent était fait par Mlle Esther Barbois.

Le Conseil de fabrique vota en premier lieu le pavage de l'église. La plupart des bancs étaient vieux et de dimensions différentes, ce qui produisait mauvais effet ; on jugea à propos de les remplacer par des chaises ; ensuite on orna les fenêtres de belles verrières ; on rafraîchit l'intérieur ; la voûte du chœur fut décorée de peintures, qui n'avaient rien de commun, il est vrai, avec les œuvres de maîtres, mais qui avaient l'excuse de vouloir ajouter à la beauté du sanctuaire.

L'élan de générosité continua pendant les deux années suivantes. La chapelle de Notre-Dame vit son rétable décoré avec goût. La chapelle des Morts reprit sa physionomie primitive par l'ouverture des baies, fermées deux siècles auparavant ; le tableau représentant Notre-Dame du Suffrage (1), qui occupait le milieu de la chapelle, fut enlevé et fixé à côté ; un autel en marbre surmonté de la statue de S. Joseph prit sa place (1876).

Parmi les dons que reçut l'église à cette époque, on doit mentionner un riche ostensoir en vermeil, haut de quatre-vingt-dix centimètres, portant sur le pied quatre statuettes représentant les patriarches Melchisédech, Abraham, Moïse, David, et, autour de la lunule, dans des émaux, les attributs des évangélistes ; c'est le plus précieux des objets que possède l'église.

V. — Le 6 mai 1878, Mgr de Cabrières vint faire sa première visite pastorale ; M. Ferdinand Chicouras, ancien professeur de l'Université, président du Conseil de fabrique, le harangua aux portes de la ville.

Le discours qu'il prononça résumait les sentiments de la population. Nous croyons devoir en transcrire le début et les dernières lignes :

« Depuis que nous avons été honorés de la visite de votre illustre prédécesseur, six ans se sont écoulés. C'était au mois de mai, comme cette fois, Monseigneur, dans ce mois où les fleurs

(1) Ce tableau, d'une grande finesse de touche, reproduit la croyance de l'Eglise sur l'intercession de Marie en faveur des âmes du Purgatoire.

exhalent leurs meilleurs parfums et embaument les airs. De même, la pieuse dévotion, qui consacre ce mois à la Sainte Vierge, embaume nos cœurs et nos âmes.

La population de Montblanc a pu constater les résultats bienfaisants des bénédictions de votre prédécesseur sur nos familles et sur nos campagnes couvertes de vignobles. Nous espérons que la présence de Votre Grandeur en ce lieu et l'efficacité de ses bénédictions éloigneront les accidents des temps contraires à nos récoltes, aussi bien que les accidents sociaux contraires à notre foi. . . . .

Trois portails autrefois donnaient accès dans notre village. Celui du Nord a été témoin de l'entrée solennelle de Mgr Thibault, dont la visite a laissé des souvenirs ineffaçables. Celui de l'Est a vu l'entrée solennelle de Mgr Lecourtier, lorsqu'il a daigné nous honorer de sa visite bénie. Le troisième, à l'Orient, est celui par lequel Votre Grandeur entre aujourd'hui, au milieu de l'allégresse générale. Ces portails sont tombés sous le marteau de la démolition ; mais il nous reste le monument par excellence, l'antique église que la foi de nos aïeux a édifiée au milieu du moyen-âge, pour servir de maison à Dieu.

Notre vénérable Pasteur a su exciter le zèle et l'émulation des fidèles. L'église paroissiale doit à son initiative et à la coopération de MM. les membres du Conseil de fabrique et de la population des travaux remarquables de conservation et d'embellissement.

Notre église avec sa haute tour qui semble, comme une sentinelle fidèle, veiller sur nos intérêts a déjà traversé plusieurs siècles. Nous espérons qu'elle en traversera encore bien d'autres ; nous souhaitons que notre foi dure plus que le monument lui-même, qu'elle ne s'affaiblisse pas et qu'elle ne s'éteigne jamais. »

Au printemps de 1880, une famille religieuse fit don à l'église d'un groupe représentant l'apparition de la Salette. Une grande fête avait été organisée, on était tout à la joie, quand un arrêté municipal, portant la date du 27 mai 1880, vint interdire les processions.

VI. — Six mois plus tard, la population fut encore péniblement impressionnée par un événement d'une nature différente. Dans la nuit du 25 au 26 novembre, des malfaiteurs s'introduisirent dans l'église après avoir brisé la partie inférieure d'un vitrail. Ils enlevèrent deux cœurs et une chaîne en or suspendus au cou de la statue de la Sainte Vierge et ensuite dévalisèrent la chapelle de sainte Philomène. Ici, leur butin fut copieux. Le nombre des « diamants, chaînes, bracelets, couronnes, dorures de toute sorte » appendus à l'intérieur de la châsse était considérable (1). Dans leur dévotion pour l'illustre thaumaturge, les fidèles étaient heureux de lui offrir leurs anciens bijoux, en signe de piété. La châsse fut brisée, la statue de la Sainte mise en morceaux, les objets précieux emportés.

Au milieu de l'indignation générale, les offrandes affluèrent et permirent de réparer matériellement le désastre. On n'oublia qu'une chose... fermer avec de solides barreaux l'endroit par où les malfaiteurs étaient entrés.

Aussi, douze ans après, revinrent-ils (29 septembre 1892). La châsse ne contenait plus de bijoux ; mais ils forcèrent le tabernacle du maître-autel et enlevèrent le ciboire en vermeil avec les saintes espèces.

Au commencement de février 1882, un nouveau cimetière fut établi à une assez grande distance du village. Le curé Barrière, atteint d'infirmités qui rendaient la marche difficile, résigna sa charge. Il se retira (janvier 1883) à Montpellier, où il vécut dans la retraite jusqu'à sa mort, survenue le 23 octobre 1897 ; il était âgé de quatre-vingt-quatre ans.

Nous arrêterons là notre récit. Les faits accomplis depuis un quart de siècle sont présents à l'esprit de tous ; la plupart de ceux qui y ont pris part sont encore en vie, ou sont représentés par leurs enfants ; il n'entre pas dans notre pensée d'offenser qui que ce soit.

(1) 190 personnes déclarèrent à la mairie, à l'occasion de l'enquête qui fut ouverte, avoir fait des dons à cette chapelle.

Du reste, nos lecteurs l'ont remarqué ; dans le dernier chapitre, nous nous sommes cantonné sur le terrain religieux.

Aucun siècle n'a été aussi agité, au point de vue politique, que celui qui vient de finir. Commencé sous la République, il a fini sous la République, embrassant dans son cycle l'Empire, la Monarchie traditionnelle, la Monarchie de Juillet, la République de 1848, le second Empire. Les hommes qui ont été mêlés à la gestion de la chose publique, durant cette période, soit qu'ils aient rempli des mandats électifs, soit qu'ils aient occupé tout autre emploi, sont justiciables de l'opinion.

Mais l'histoire ne s'écrit qu'à distance ; il faut que le calme se soit fait dans les esprits pour apprécier sainement les choses. Nous laisserons donc à celui qui viendra après nous le soin de porter un jugement impartial sur les hommes et les événements de cette dernière époque.

APPENDICES

I

Visite pastorale de Jean de Bonsy.

I. — PROCÈS-VERBAL

1° Mons Albus.

Anno a nativitate Domini millesimo sexcentesimo quinto, die octava mensis martii R^mus^ D^nus^ Joannes Bonsius Dei et apostolice sedis gratia Episcopus et Dominus Biterrensis, assistentibus sibi reverendis D^nis^ Antonio Juvenis, canonico et archidiacono caprariensi, in ecclesia cathedrali biterrensi presbitero, jurium baccalaureo, Guillelmo Fabri prothonotario apostolico, decretorum doctore, presbitero, priore de Podiomissone et vicario generali biterrensi, et patre Carolo Jennin presbitero Societatis Jesu, contulit se ad oppidum Montis Albi ad effectum visitationem ecclesie dicti oppidi faciendi, cui processionaliter venerunt obviam cum cruce erecta et campanis pulsantibus Andreas Fabre curatus dicti loci et Bartholomeus Caldeyron secundarius et Carolus Audran diaconus, omnes ecclesie dicti loci inservientes, et deosculata cruce per dictum episcopum, a dictis presbiteris in ecclesiam quæ est sub invocatione Sanctæ Eulaliæ introductus est quæ est ecclesia parrochialis et eius prioratus est unitus ab immemorabili tempore capitulo cathedralis ecclesiæ biterrensis et animarum cura per vicarium perpetuum ad liberam collationem Dni Biterrensis Episcopi regitur, vicarius est magister Guillelmus Gousi, beneficiatus Sancti Nazarii biterrensis, qui non interfuit visitationi, et in eam ingressus cum decantationibus hymnorum *Veni Creator* et *Te Deum laudamus,* facta oratione, populo benedixit, et celebrata missa per dictum Patrem Carolum Jennin, factaque per eumdem concione per quam causam adventus Dni Biterrensis Episcopi eo loci exposuit, postea dictus Dnus Biterrensis Episcopus visitavit sanctum eucharistiæ sacramentum quod asservatur in medio altari in armariolo et ciborio æneo decenti.

Visitavit fontes baptismales qui sunt lapidei et intus concha ænea in qua asservatur aqua benedicta, subtus est piscina, dicti fontes sunt duabus tabulis cooperti sed non clausi, Dnus biterrensis episcopus mandavit super dictis fontibus fieri cooperculum ad instar pyramidis, in quo sit armarium pro deponendis sacris oleis et tenendo libro in quo nomina baptizandorum describantur et libris ad baptismum necessariis, expensis fabricæ ecclesiæ intra octo dies post intimationem.

Visitavit olea sacra quæ reposita sunt in quodam vase stanneo et intus parva vasa terrena indecentia, Dnus mandavit intra octo dies procurari vas stanneum idoneum pro reponendis oleis et, ut supra, asservandis.

Visitavit altare maius valde longum et quasi duabus cannis, coopertum duabus mappis cum altari portatili enormiter fracto, in pariete est imago crucifixi, hinc inde sunt quædam fenestræ vitreæ aliquantulum ruptæ quæ vento perflanti incommodum possunt afferre presbiteris in altari majori celebrantibus. Dnus Episcopus mandavit provideri de altari portatili idoneo et sufficienti, fenestras e regione altaris existentes reaptari ita ut nullum celebrantibus afferant incommodum.

Visitavit capellam sub invocatione Dni nostri Jesu Christi in qua est altare necessariis omnibus ornamentis destitutum sine ulla imagine, in qua capella est quædam confratria cuius statuta confratres exibuerunt et fuerunt approbata, dicta capella reditibus et possessore caret.

Visitavit capellam beatæ Mariæ quæ est ex parte evangelii sine redditibus et possessore ; hanc si quis dotare competente et ornare velit, Dnus Episcopus permisit ut eam quasi ex jure patronatus haberet, munimentumque pro se et posteris suis in ea habeat, reservato tamen sibi institutione presbiteri nominandi per patronum et successoribus suis episcopis eamdem facultatem reservando.

Visitavit capellam quæ est sub invocatione beatarum Undecim millium Virginum in qua sunt fundatæ quatuor capellaniæ, una est undecim millium Virginum cuius possessor est Guillelmus Gousi vicarius dictæ ecclesiæ cum onere singulis diebus dominicis sacrum missæ officium in ea celebrandi, capella dicta de Cotte quod de jure patronatus sit familiæ de Cotte cuius possessor est Guido Cotte cum onere singulis diebus veneris in dicta capella celebrandi, capella sanctæ Catharinæ cuius possessor est præfatus Guillelmus Fabri vicarius generalis cum onere primo die martio cuiuslibet mensis in ea celebrandi, alia item est capella cuius invocationem nemo scivit, et est possessa per quemdam vicarium perpetuum oppidi de Quadraginta narbonensis diocœsis cuius etiam onera nemo scivit, habent dictæ capellæ quædam bona ruralia in proprietate. D^nus Episcopus mandavit moneri capellanos de satisfaciendo impositis oneribus eisdem capellanis sub pœna sequestrationis fructuum eorumdem respective, quodque titulum sive collationem quam habent de dictis capellis afferant et exhibeant intra quindecim dies a dictis monitis computandos ad instar curati dicti loci, et insuper quod consules exhibeant copiam authenticam particulæ libri vulgo compoix nominati concernentem dictas capellanias, presentis visitationis ad perpetuam memoriam inserere.

Visitavit capellam sancti Martini in ingressu ecclesiæ cuius possessor est Pontius Revel qui exhibuit titulum quem de ea habet a D^no Episcopo Biterrensi jure devoluto eo quod particularius qui dicitur D^nus loci non nominavit in tempore opportuno, qui D^nus loci ad presens existens patronus esse dicitur, capellanus eiusdem debet singulis diebus sabbati in ea celebrare, et postridie cuiuslibet festivitatis solemnis unum obitum celebrare. D^nus eum monuit ut huic oneri satisfaciat sub pœna sequestrationis fructuum.

Intra ecclesiam et in ingressu ecclesiæ habitatores reposuerunt quædam instrumenta torcularium vindemiis inservientia, quæ omnia intra tres dies amoveri et ab ecclesia extrahi mandavit idem Dominus Biterrensis Episcopus.

Cum lapideo fornice satis decenti, sed tectum, ut asseruerunt presbiteri, est insufficiens et tempore pluviæ aqua fornicem penetrans in ecclesiam delabitur, magno tum celebrantium, tum habitatorum incommodo. D^nus^ Episcopus mandavit tectum lateribus sufficientibus cooperiri ita ut commode possint habitatores officio divino interesse, expensis fabricæ idque quamprimum.

Tribuna in inferiori parte ecclesiæ pro medietate collapsa restauretur expensis fabricæ ut cum frequens populus ad ecclesiam convenerit commode quisque possit officio divino interesse absque aliquo incommodo, idque expensis fabricæ.

Campanile est satis pulchrum, in eo sunt duæ campanæ quarum majorem dictus Dominus Archidiaconus dixit ab ecclesia Bassani, cuius prior est capitulum biterrense, fuisse tempore belli surreptam, ideoque petiit capitulo restitui, et condemnari fabricam ecclesiæ Montis Albi quæ amplos redditus habet ad aliam campanam in dicto loco fabricandam. D^nus^ Episcopus petitionem hanc ad judicem ordinarium remisit vocatis fabricæ Montis Albi præfectis.

In campanile est quædam camera in qua libri universitatis reponuntur, ad quam habitatores, etiam heretici, se conferunt tempore celebrationis divini officii et cum strepitu turbant psallentes in choro. D^nus^ Episcopus inhibuit ne tempore celebrationis aut officii divini fiat inibi strepitus, et monuit habitatores ut eo tempore non accederent ad dictam cameram, sed ad horam commodam id differrent.

Sunt etiam granaria in quibus grana fabricæ reponuntur in dicto campanili ; de dictis granariis ordinatum fuit ut de camera in precedenti articulo.

Postea D^nus^ Episcopus visitavit ornamenta quæ sunt satis antiqua et detrita. Curatus loci petiit comparari ornamenta pro presbitero diacono et subdiacono missam mortuorum celebrantibus, ornamenta subdiaconi setini viridis ad complendam capellam eiusdem coloris, calicem et reliquiarium argenteum, crucem argenteam, ciborium argenteum, tria vel quatuor corporalia, albas tres, amictus sex, funiculos sex, antiphonarium et graduale recens quia libri existentes sunt adeo veteres et consumpti ut fere sint inutiles.

D^nus^ Episcopus mandavit quamprimum provideri de antiphonario et graduali ac missale ex præscripto Concilii tridentini, et tribus libris albis in quo describantur nomina et cognomina, parentes et patrini ac matrinæ, dies et annus infantium baptizandorum, nomina item et cognomina ac dies sepulturæ mortuorum, ac nomina, cognomina et patria matrimonio copulandorum ac dies et annus matrimonii, præcipiens curato ut ea describat separatim in dictis libris albis sub pœna excommunicationis, et cum ab ecclesia discedet ea successori suo relinquat et præmissa fieri expensis fabricæ quamprimum, super reliquis ornamentis petitis dixit se provisurum.

Dominus Archidiaconus memoratus pro capitulo Biterrensi, tanquam priore dictæ ecclesiæ, remonstravit quod habitatores auctoritate propria, sine ulla licentia perforari fecerunt tres fornices ecclesiæ ad effectum demittendi funes horologii in ecclesiam et in inferiore parte ecclesiæ, quod ut dixit, sine licentia D[ni] Episcopi aut capituli facere non debebant nec poterant, petiit inhiberi ne de cetero id facere auderent licentia hic dein retenta. D[nus] Episcopus inhibuit ut petitum erat, et injunxit dictos fornices sic reaptari ut aqua in ecclesiam non decidat et incommodum afferat populo.

Postea D[nus] Episcopus mortuos absolvit in cœmiterio ecclesiæ contiguo clauso, sed habente ingressus sine fossis aut portis ita ut ad illud brutis animantibus pateat aditus, D[nus] Episcopus mandavit in ingressu fieri fossatum aut cancellos ita ut brutis ad cœmiterium non pateat aditus et inhibuit ne eo loci fiant immunditiæ, ut hactenus est solitum.

Idem D[nus] Episcopus mandavit pavimentum ecclesiæ et fenestras decenter reparari et expensis fabricæ.

His finitis D[nus] Episcopus mandavit consulibus et præcipuis habitatoribus ut ad domum in qua residebat durante visitatione accederent ad effectum respondendi interrogatoriis quæ ipsis facere intendebat, quorum consul unus erat hæreticus, et responderunt ut in eorum depositionibus inferius insertis habetur.

Percipientes fructus decimales in territorio Montis Albi sunt D[nus] Episcopus, capitulum biterrense et fabrica. In territorio Montis Albi novem partes remanent rustico, decima est ecclesiæ. In ea vero parte quæ intra territorium de Valros porrigitur decem partes remanent rustico, undecima est loco decimæ.

Duæ sunt in dicto territorio decimariæ, una dicta sanctæ Eulaliæ in qua decimæ simul coacervantur quoad blada et priusquam dividantur D[nus] Episcopus percipit octodecim sextarios, novem frumenti et novem ordei, reliquum ita dividitur nempe capitulum habet sex partes, fabrica ecclesiæ duas, D[nus] Episcopus unam, de vino et fæno capitulum habet duas partes, D[nus] Episcopus unam habet, fabrica nihil. Altera decimaria est sancti Petri quæ erat ecclesia in itinere tendente ad oppidum Valros, in qua decimaria capitulum biterrense duas partes decimarum, D[nus] Episcopus unam ; habitatores ex antiqua consuctudine de decimis olei nihil persolvunt præterquam duas mensuras pro omni territorio.

Fabrica dictæ ecclesiæ habet in annuo redditu centum aureos vel circiter quorum administrator est operarius annuus isque cum officium consulatus deponit curam fabricæ suscipit non absque quod frequenter contingat eum esse hæreticum et reddit rationem, consulibus loci, non vocato priore, vicario vel curato ecclesiæ. D[nus] Episcopus mandavit ut in posterum operarius rationem reddat curato et presente aliquo de capitulo ecclesiæ cathedralis biterrensis vel vicario aut curato si eos capitulum deputaverit, et monuit dictum D[num] archidiaconum nomine totius capituli ut quotannis rationes videantur dictæ fabricæ, attento quod pro tam amplo redditu male ornata est ecclesia, quodque nummi ex redditibus fabricæ provenientes in ecclesiæ reparationem et ornamentorum necessarium emptionem convertantur, Et insuper inhibuit ne amodo fabricæ præpositus sit ullus hæreticus, cum non sint idonei dispensatores bonorum ecclesiæ, hostes ecclesiæ, sed si casus evenerit primum consulem oppidi esse hæreticum, is non admittatur ad curam fabricæ, sed secundus sit ad dictam curam vocatus, qui si etiam sit hæreticus, alius habitator catholicus, probus vir et idoneus præficiatur ecclesiæ fabricæ.

Habitatores ratione dictæ fabricæ debent sartam tectam ecclesiam tenere et ornamenta necessaria comparare.

Hæretici, calvinistæ et germani lutherani pretiosam supellectilem retroactis bellorum temporibus et tumultibus surripuerunt.

In libris monimentis oppidi vulgo cadastres sive compoix sunt descripta bona capellarum ecclesiæ et hospitalis, nec non confratriæ sanctæ Eulaliæ, D[nus] Episcopus mandavit ex libris copiam authenticam particularium concernentium dictas capellas, hospitale et confratriam in actis hujus visitationis inserendam, de quo monuit consules, et mandavit curato ut id ita fieri procuret.

Redditus confratriæ applicantur pro una eleemosina, pro oleo unius lampadis in ecclesia ardentis et pro uno convivio quod confratres agunt insimul. Dominus abolevit dictum convivium et inhibuit ne de cætero fiat, sed nummi ad id destinati in opera pia convertantur.

Omnes horæ ex antiqua consuetudine in ecclesia recitantur et tres sunt presbiteri inservientes in ecclesia quibus capitulum dat sive curato pro eis triginta duos sextarios frumenti, quatuor modia vini, ducentas libras argenti et duas olei mensuras quibus mediantibus se secundarium diaconum et clericum alere tenetur, et secundario et diacono atque clerico mercedem persolvere.

Lampas ardet coram Sanctissimo Sacramento expensis fabricæ, et duæ aliæ lampades ex eleemosinis, sed dictæ duæ non ardent continuo.

Magister scholæ est hæreticus. D[nus] Episcopus monuit habitatores ut de aliquo catholico providerent ne eorum pueri male instruerentur et a fide deficerent.

Sunt in oppido duodecim hæreticorum familiæ, sunt tamen plures catholicorum.

Nullus est in oppido prædicator ordinarius tempore quadragesimæ neque adventus sed concionator Serviani eo loci quandoque accedit ad concionandum. D[nus] Episcopus mandavit diebus omnibus dominicis quadragesimæ et adventus unum adesse in dicto oppido prædicatorem expensis prioris dictæ ecclesiæ qui etiam in quadragesima aliis diebus bis, videlicet diebus mercurii et veneris, prædicet, et populum instruat in fide ac pueros doceat rudimenta doctrinæ christianæ.

Post ea D[nus] Episcopus mandavit ad se vocari curatum loci quem interrogavit.

Et dixit D[nus] curatus habitatores loci convertere redditus fabricæ in suos usus et operarium sive fabricæ præfectum esse hæreticum ; fuit provisum super præmissis.

Sunt, ut dixit, in oppido viginti circiter hæreticorum familiæ (secundum depositionem habitatorum sunt tantum duodecim hæreticorum familiæ). D[nus] Episcopus monuit dictum curatum ut eos, quantum in eo erat, instrueret et doceret necessaria ad salutem, nullique scandalo esset, modeste viveret, opus Dei negligenter ne faceret, commissoque sibi gregi invigilaret, mandavit insuper eidem ac presbiteris secum inservientibus ut litteras ordinum exhiberent intra octo dies proximos.

Visitavit hospitale cuius redditus annui valoris septem vel octo librarum per quosdam procuratores et consules gubernantur.

D[nus] Episcopus mandavit dictis procuratoribus ut quotannis rationem redderent consulibus, vocato et interveniente aliquo nomine capituli biterrensis per dictum capitulum deputato et mandavit presbiteris inservientibus in dicta ecclesia quoties aliquem in dicto hospitali ægrotare contigerit ad illum accedant, etiam non vocati, et cunctis septimanis bis saltem ad illud se conferant et pauperes ac ægrotos instruant, moneantque de confessione, viatico et aliis sacramentis. Nulli sunt in dicto hospitali lecti sed tantum stramen.

Visitavit presbiterium sive domum claustralem ecclesiæ castro oppidi vicinam, amplam et pulchram in qua presbiteri cum clerico vivunt conjunctim, tectum et tabulatum dictæ domus incuria capituli Biterrensis collabitur, et est male constructum et compactum. D^{nus} Episcopus mandavit dictam domum aptari ita ut presbiteri commode possint et decenter in ea habitare.

Hora vesperarum D^{nus} Episcopus ad ecclesiam reversus confirmationis sacramentum contulit plurimis utriusque sexus Christi fidelibus.

2° In territorio Montis Albi, Ecclesia Sancti Petri.

Anno et die prædictis videlicet octava mensis martii anni millesimi sexcentesimi quinti Idem R^{mus} D^{nus} Joannes Bonsius episcopus Biterrensis in oppido Montis albi occupatus in visitatione deputavit Reverendum Dominum Antonium Juvenis presbiterum Juris utriusque baccalaureum, canonicum et archidiaconum caprariensem in ecclesia cathedrali biterrensi ad visitandam ecclesiam Sancti Petri quæ est in territorio Montis albi et in itinere tendente versus oppidum de Valros. Qui Dominus archidiaconus una mecum secretario infrascripto contulit se ad dictam ecclesiam sive locum ejusdem ecclesiæ in quo fecit orationem, hujus ecclesiæ nequidem apparent vestigia cum sit a fundamentis destructa et illam hæretici calvinistæ tempore belli disjecerunt, duo tantum supersunt lapides, quorum unus videtur esse petra unius sepulcri; quidam rusticus cœmiterium quod, ut dixit Pontius Revel prior de Valros, qui visitationi interfuit, erat contiguum ecclesiæ, quin et aream ipsius ecclesiæ aravit, cultivavit et seminavit ac in suos usus dictum locum convertit; ecclesia et cœmiterium, ut dixit idem Revel, habebant in diametro circiter viginti passus.

Hæc ecclesia est unita capitulo biterrensi quod duas partes fructuum decimalium præfatæ ecclesiæ percipit et D^nus^ episcopus unam. (Habet tamen dominus episcopus unam pensionem. Vide in libro de Omnibus secundo.)

Renuntiato statu dictæ ecclesiæ predictus Dominus Episcopus de consilio dicti Reverendi archidiaconi ac aliorum assistentium mandavit in loco ubi erat dicta ecclesia erigi crucem unam lapideam, monerique dictum rusticum, usurpatorem ecclesiæ et cœmiterii ne in posterum illam ecclesiam et cœmiterium arare, colere et in ea seminare audeat, quinimo possessionem liberam et vacuam ejusdem ecclesiæ et cœmiterii dimittat sub pœnis juris et aliis arbitrariis pœnis, ut cum commode fieri poterit ædificetur inibi aliquod oratorium vel capella, monuitque presbiteros dicti loci ut in festo Sancti Petri unam processionem faciant et accedant usque ad dictam crucem cum decantationibus lataniarum et aliarum orationum, et dictam crucem erigi intra duos menses expensis capituli et mensæ episcopalis biterrensis pro rata portione fructuum cuiusque.

3° Mandatum.

Eadem die VIII^a^ martii 1605.

Dominus Episcopus habito consilio cum assistentibus, providens super ornamentis necessariis ecclesiæ Montis Albi, Attento notabili annuo redditu fabricæ mandavit necessaria omnia quoad reparationem ecclesiæ ordinata, procurari et fieri intra annum expensis fabricæ, Et nihilominus intra mensem expensis ejusdem emi et comparari ornamenta decentia pro celebratione missarum pro mortuis, tam pro sacerdote quam diacono et subdiacono, calicem item argenteum cum patena, ciborium item argenteum, mappas sex, albas tres, amictus et funiculos totidem et quatuor corporalia et dalmaticam unam setini viridis pro complenda capella quæ est ejusdem coloris ; commessationes quas confratres confratriæ Sanctæ Eulaliæ de redditibus confratriæ facere consueverunt necnon etiam commessationes lataniarum quas maias vocant abolevit et in posterum fieri vetuit et sumptus ad eas destinatos sive pecuniam pauperibus erogari vel in usus pios converti mandavit, injunxit pariter vicario generali sive officiali biterrensi quatenus omnia in visitatione contenta executioni demandari satagat.

Præmissa omnia partim ex visu et oculari inspectione, partim ex depositione testium infrascriptis colliguntur.

Ita fuit processum.

G. Fabri, *Vicarius generalis.*

Ita est.

Gilson, *Secretarius.*

II. — AUDITION DES HABITANTS DE MONTBLANC PARDEVANT MONSEIGNEUR LEVESQUE DE BÉZIERS

Le huitiesme mars mil VIc cinq dans le chasteau de Montblanc Me Jean Richard consul dud. lieu aage de cinqte ans, Me Martin Cotte habitant aage de cinqte deux ans, Me Jacques Cotte aage de quarante ans, Antoine Poure aage de quatre vingts ans, Estienne Bertrand aage de septante sept ans, Jean Clavel aage de soixante ans et Rome Pailhes aage de soixante ans touts habitants dud. Montblanc, moyennant serment par eux preste

Interrogés par Monseigr LEvesque de beziers aux interrogatz ont dit come sensuit

A cause que led Richard est de la pretendue Religion na este enquis en sa presence de la vie des prebstres

Interroges qui sont ceulx qui prennent fruictz decimaulx au terroir de Montblanc ont dit que cest le chapitre de leglise cathedralle de beziers come prieur, le Sr Evesque et la fabrique.

Interroges come est accoustume de dixmer. Ont dit quau terroir de Montblanc le proprietaire en retient neuf parts, le dixme a la dixiesme ; au terroir de Valros le dix demeurent au proprietaire, lonziesme au dixmeur.

Interroges la façon de partager. Ont dit quau prieuré de Ste Eulalie de neuf parts le chapitre en prend six, la fabrique deux et Monseignr Levesque de beziers une. Bien est vray de led Sr evesque avant de partager dud. terroir ou dixmerie de Ste Eulalie prend dixhuict sestiers mesure de ville, scavoir neuf dorge et neuf de froment; en la dixmerie de S[t] Pierre led. chapitre St Nazaire y a deux parts, le S[r] evesque une. Quand au vin le S[r] evesque y a le tiers, au carnenc, et foin aussi come est dit cy dessus.

Interroges quelle rente a lœuvre et a quoy semploye et si les ouvriers rendent compte et par devant qui. Ont dit quautresfois a este arrenté cent escus mais ne vault pas tant, ordinairement les rentes semploient en reparation de leglise, payement des décimes et autres charges; les ouvriers rendent compte aux consuls sans y appeler le prieur ny le vicaire, ne payent rien les habitants de Montblanc du dixme de lhuile qui se recueille aud. lieu saulf deux mesures pour tout.

Interroges quy est oblige a la reparation de leglise et ornements dicelle. Ont dit que cest la fabrique et les habitants a cause dicelle.

Interroges sils sçavent aucung detenteur du bien deglise, quon aie vendu des calices, croix ou reliquiaires dargent. Ont dit quils ne sçavent aucung detenteur du bien deglise, pour les calices, croix et reliquiaires tout a esté emporté par les rustres ou ceux de la religion qui emporterent les papiers et cloches.

Interroges quelles chapelles y a dans leglise et qui sont les chapellains, quelles charges, si les possesseurs sen acquittent. Ont dit y avoir en la chappelle des XI [m] Vierges quatre chapelles scavoir des XI [m] Vierges, Ste Catherine, la chappelle de Cottes, la chappelle dAnthoine Benézech que le vicaire de Quarante tient, ne scavent come sappelle, Me Guillaulme Fabri a celle de Ste Catherine et vault trois cestiers de bled de rante avec charge chasque premier mardi du mois de dire messe, la chappelle des XI [m] Vierges, Me Guillaulme Gousi vicaire en est possesseur et a de rante cinq cestiers de bled, la chappelle du vicaire de Quarante vault quatre cestiers, ne scavent la charge, la chappelle de Cotte est possedee par Estienne Cottes, doibt dire une messe chasque jeudi et vault trois escus payees toutes charges; si le service se fait, sen rapportent au curé. Il y a aussi une chappelle dite de St Martin de laquelle est possesseur Me Pons Revel, doibt dire une messe chasque sabmedy et le lendemain de chascune festivité dire un obit, vault de rante cent livres.

Interroges sil y a ung hospital, quelles rantes il y a et qui les administre. Ont dit y avoir hospital valant sept ou huit livres de rante environ consistantes en terres et champs lesquelles se gouvernent par les consuls et le procureur de lhospital sans y appeler les prebstres.

Interroges qui sont ouvriers. Ont dit que cest le premier consul sortant de charge sans avoir esgard quil soit de la pretendue religion.

Interroges si dans les compoix il y a les parcelles tant de lhospital que des chappelles. Ont dit quouy.

Interroges sil y a confrairies. Ont dit y avoir confrairie de Nostre Seign^r et confrairie de Ste Eulalie et ont des statutz. La confrairie de Ste Eulalie a une maison, un champ et une vigne.

Interroges sil y a des bacins. Ont dit y en avoir trois, lun de Nostre Dame, le second du pain benist et le troisiesme du purgatoire et nont aucung bien autre que les aulmosnes.

Interroges a quoy semploie la rante des biens de la confrairie Ste Eulalie. Ont dit quils en font une caritat et en tiennent une lampe allumée, et oultre ce en font ung repas.

(Monseign^r Levesque a defendu qua lavenir le repas ne se fasse et que toute la rente s'employe en œuvres pies.)

Led. Richard ayant fait place.

Interroges qui est prieur et vicaire, combien de prebstres il y a dordinaire, sils font le service ordinaire et quel il est. Ont dit que le chappitre St Nazaire est prieur, Me Guillaume Gousi vicaire, mais ne reside point, il y a troys prebstres lung appellé Me André Fabre curé, Me Charles Audran diacre, Me Barthelemi Caldeiron secondaire et un clerc, sont contents des prebstres qui sacquitent bien de leur debvoir et sont diligents et soigneux, font aultant de service qua leglise cathedrale de beziers, scavoir chantent toutes les heures, ont tous les jours une messe haulte, les dimanches deux, une seule haulte, une basse.

Interroges sil y a maistre descolle. Ont dit quouy, mais est huguenot et marié a la ville.

Interroges sils ont predicateur advent et quaresme. Ont dit quils se servent du predicateur de Servian.

Interroges sil y a des huguenots au lieu. Ont dit y en avoir douze familles environ, mais ne sont en si grand nombre que les catholiques.

Interroges sil y a defructus ou banquets. Ont dit quil y a quelque banquet appellé la lotanié et la mayo.

Et se sont soubsigne

J. Richard consul, H. Cotte, Marque R. Pailhes, J. Cotte, Marque de J. Clavel, dE. Bertrand, Marque dAntoine Poure, Marque dud. Michel Barejaire.

III. — AUDITION DES PREBSTRES DE MONTBLANC

Led. S[r] Me Andre fabre curé a esté ouy moyennant serment. Interrogé de la valeur de la fabrique, en quoy semploye et sil y a les ornemens necessaires en leglise. A dit la fabrique valoir quatre vingts escus, quelquefois plus, quelquefois moins, semploye en ornements, et quelquefois la ville sen sert pour ses necessites suivant ce quil a ouy dire, et est arrivé bien souvent quelle a esté gouvernée par des ouvriers huguenots parce que le premier consul est ouvrier, sortant de charge dud. consulat sans avoir esgard à la religion, et mesme louvrier de lannée presente est de la pretendue religion.

Interroges si les consuls et habitants tant catholiques quhuguenots viennent tenir conseil dans leglise au temps mesmement du service divin. A dit que bien souvent durant la messe ils tiennent led. conseil indifferemment tant catholiques quhuguenots dans une grotte ou chambre du clocher.

Interrogé sil y a les ornements necessaires et sil pleut quelquefois en leglise. A dit quil y manque un Antiphonaire et Graduel, une chappe des morts, ung soubsdiacre vert pour parfaire la chappelle, ung calice et reliquiaire dargent, une croix dargent, trois ou quatre corporaux, ung ciboire dargent, trois aulbes, six amictz et six cordons, il pleust dans leglise parce que le toit nest pas bien couvert et les fenestres sont mal accomodées et en temps de vent les chandelles sestaignent.

Interroge s'il y a des mal vivants. A dit que non qu'il sçache saulf d'huguenots qui sont en nombre, environ une vingtaine de maisons, et sest soubsigne, FABRE prbtre.

Cette deposition a este aussi signee et ratifiiee par Charles Audran diacre et Me Barthelemi Caldeiron moyennant serment par eux presté et icelle ont soubsigné

B. CALDEIRON. — C. AUDRAN.

(Extrait d'un registre en feuilles conservé aux Archives municipales de Béziers.)

Pour copie conforme :

A. SOUCAILLE,

Secrétaire de la Société archéologique de Béziers.

23 décembre 1902.

II

Saint-Pierre d'Erignan.

L'auteur de la notice historique sur le Chapitre de Saint-Nazaire, publiée dans le tome VIIIe (2e série) du *Bulletin de la Société archéologique de Béziers,* mentionne parmi les possessions et biens de l'église cathédrale Saint-Nazaire *Erinianum, Erignanum* (pages 148, 158-171). Il traduit ces mots par *Arnoye;* « le domaine d'Arnoye, près Béziers, où l'on voit encore, dit-il, une église rurale, romane, dédiée à saint Marcel. »

Ne trouvant parmi les villages, fermes, domaines existant de nos jours dans les environs de Béziers aucun lieu qui porte le nom d'Erignan, il a cru pouvoir adopter un nom qui semblait être la corruption du nom primitif. Il a donc traduit *Erignanum* par Arnoye, bien que l'église de ce dernier lieu fût dédiée à saint Marcel, alors que l'église d'Erignan, d'après les documents fournis dans la notice, était dédiée à saint Pierre.

Les premières recherches faites dans les archives de Montblanc nous avaient amené à conclure que le lieu d'Erignan n'était autre que le domaine actuel de Saint-Pierre, situé à environ huit cents mètres du village.

On lit, en effet, dans le *Livre des Sépultures* de la paroisse : « Le 12 février 1632, est morte dans la métairie de Gaspard Cotte, bailli de Montblanc, où elle s'était retirée à cause de la maladie contagieuse fort honnête femme, Cloriande Caumilhe, veuve d'Arthur Nauthon, de Valros. Elle a été enterrée au pied de la croix érigée au bord du chemin croisant allant de Montblanc à Pézénas et de Nézignan-l'Evêque à la ville de Béziers, au terroir de Montblanc, au lieu dit *Saint-Peyre de Erigna,* où autrefois là tout près il y avait une *Eglise sous l'invocation de Saint Pierre* et où encore la dîmerie appartient au Chapitre de Saint-Nazaire et au seigneur Evêque de Béziers. »

Le *Livre des Baptêmes* de la paroisse renferme, sous les dates des 4 octobre 1650 et 10 novembre 1651, les actes de baptême de deux enfants dont les parents habitaient la grange de Jean

Richard, située au lieu dit *la dîmerie de S. Pierre de Erigna.*

En outre, dans les minutes de Mᵉ Ant. Nauthon, notaire à Montblanc, se trouvent mentionnées, parmi les reconnaissances faites le 15 mars 1705, en faveur du Chapitre de Notre-Dame de Cassan, plusieurs terres situées, les unes près du *chemin allant de Valros à Saint-Pierre d'Erignan* et les autres confrontant le *rec d'Erignan.*

A dater de cette époque, le nom d'Erignan n'a plus paru dans les actes publics; l'oubli s'était même déjà fait insensiblement sur lui. Le lieu d'Erignan, depuis longtemps, n'était désigné que sous le nom de *Saint-Pierre,* vocable de l'ancienne église; le chemin qui conduisait à Erignan avait été marqué sur le compoix de 1603 sous le nom de *Voie de la dîmerie;* le rec d'Erignan était devenu, par corruption de la prononciation néoromane, le *rec de ligno.*

Malgré l'autorité qui s'attache au nom de l'auteur de la notice historique sur le Chapitre de Saint-Nazaire, nous n'avions pas hésité à adopter une opinion contraire à la sienne, en parlant de Saint-Pierre d'Erignan, dans la première partie de cet ouvrage.

Les découvertes que nous avons faites récemment dans le *Livre noir* sont venues nous donner raison et permettent même de reconstituer une période de trois siècles relativement à Erignan et à son église dédiée à saint Pierre.

Nous citons les documents dans l'ordre chronologique.

1° Le nom d'Erignan se lit pour la première fois dans une charte de la fin du dixième siècle, contenant l'inventaire des biens de l'église de Béziers. « Dans le lieu d'Erignan, est-il dit, l'église de Saint-Pierre. *In villa Eriniano, ecclesia sancti Petri.* » (Livre noir, fᵒ 252.)

2° Le 3 des calendes d'avril 1116, Pierre de Thézan impignora en faveur de l'évêque de Béziers, Arnaud et ses successeurs, la dîme qu'il levait dans le terrain d'Erignan, ainsi que tout le revenu qu'il percevait touchant l'église et la paroisse de ce lieu, moyennant la somme de trois cents sous melgoriens, se réservant la faculté de les racheter d'année en année, vers l'époque de Noël. (Voir ci-dessous : *De Erignano,* A.)

3° Par une bulle datée du 5 des calendes de mai de l'année 1153, le pape Eugène III prit sous la protection du Saint-Siège les biens de l'évêché de Béziers. Dans le nombre se trouvait indiquée « la partie que l'évêque possédait sur le lieu d'Erignan avec les dîmes qui y étaient perçues. *Partem quam habetis in villa quæ vocatur Erignanus, cum decimis ipsius loci.* » (Livre noir, f° 153.)

4° Au commencement du treizième siècle, le fief d'Erignan était passé dans la famille de Lodève. Au mois de décembre 1203, Guillaume de Lodève impignora en faveur de Raimond Blanq, moyennant mille sous melgoriens, les tasques, quartes, usages et tous les droits qu'il prélevait dans l'étendue du terrain de Saint-Pierre d'Erignan.

Il s'engageait à rembourser cette somme en quatre années à l'époque de la fête de la Toussaint, et s'il ne pouvait à ce moment racheter sa dette, il se réservait la faculté de s'en libérer dans la suite, en versant la même somme de mille sous melgoriens, ou bien vingt marcs d'argent fin et pur, si la monnaie melgorienne avait perdu de sa valeur.

Au cas où Raimond Blanq serait inquiété dans la jouissance de son fief, il lui accordait une garantie spéciale sur sa condamine, le ferrajal, et le champ Delgres *qu'il possédait entre le terrain de Saint-Thibéry et celui de Saint-Martin de Fenouillet.*

Une désignation aussi exacte des confronts des terres d'Erignan avec celles de Saint-Thibéry et de Saint-Martin de Fenouillet ne permet pas de douter qu'il ne s'agisse dans cet acte du domaine actuel de Saint-Pierre.

Nous croyons devoir donner en entier cette charte à raison de son importance pour la question qui nous occupe. (Voir ci-dessous : *De Erignano,* B.)

5° Guillaume de Lodève ne racheta pas son fief; au mois de mars de l'année 1212, il céda d'une manière définitive à Rixende, veuve de Raimond Blanq, tout ce que, en droit ou en vertu de la coutume confirmée par le Pape ou ses représentants, il possédait dans *le terrain de Saint-Pierre d'Erignan,* moyennant une nouvelle somme de cinquante sous melgoriens. (Voir ci-dessous : *Item de Erignano,* C.)

6° Le pape Honorius III, par une bulle du 15 des calendes de décembre de l'année 1216, confirma à l'évêque Bernard les biens et possessions de son Eglise. Dans l'énumération de ces biens se trouvait « l'église et la partie des biens de l'église que l'évêque possédait au lieu appelé Erignan avec les dîmes qu'il y percevait. *Ecclesiam et partem ecclesiæ quam habetis in villa quæ vocatur Erignanus cum decimis ipsius loci.* » (Livre noir, f° 108.)

Nous pouvons ajouter que dans le compte des décimes perçus sur le clergé du diocèse de Béziers en 1322 et 1323, le prieuré d'Erignan se trouve compris parmi les prieurés de la contrée. Il est placé entre ceux de Saint-Adrien et Valros d'une part, et ceux de Servian, Pouzagols, Launas, etc., de l'autre; preuve qu'Erignan se trouvait dans notre région et non dans la banlieue de Béziers. (Voir ci-dessous : *Compte des décimes...*, D.)

Le fief d'Erignan demeura-t-il longtemps dans la famille de Raimond Blanq ? Nous l'ignorons. Au milieu du quinzième siècle, il appartenait au Chapitre de Notre-Dame de Cassam. Il existe une reconnaissance des terres situées à Erignan et relevant de ce fief, faite en faveur du Chapitre, en 1456, devant M° Durand, notaire à Servian. (Minutes d'Ant. Nauthon, 3 mai 1705.)

Le prieuré d'Erignan avait une annexe, *Saint-Michel de Conolgue,* située dans le terroir de Valros.

L'église Saint-Michel se trouvait au-dessus du *rec* qui porte son nom, presque en face de l'endroit où la voie de la dîmerie, appelée aujourd'hui *chemin molinier,* débouche sur la nouvelle route nationale.

Cette église, comme celles d'Erignan, de Fenouillet, de Launas, de Pouzagols et autres de la contrée fut ruinée par les Calvinistes. Une croix, au fût élancé, placée à environ quinze mètres de la route, indique le lieu où elle était bâtie.

Les travaux exécutés pour la culture du terrain ont amené la découverte de nombreux ossements humains; d'après la tradition, là était autrefois un cimetière. Sur le bord du tertre où l'église était placée, on voit émerger du sol la partie supérieure d'une ancienne vasque en céramique. Une quantité de pierres recouvertes de vieux mortier, des couches de tuiles, des fragments de briques et autres matériaux attestent l'emplacement d'une construction disparue.

Le prieuré de Saint-Pierre d'Erignan était uni à la mense du Chapitre cathédral de Saint-Nazaire. Celui-ci, comme curé primitif, percevait la dîme des fruits qui croissaient dans l'étendue du prieuré et de son annexe.

Dans le cours du quinzième siècle, les habitants de Valros cessèrent de payer la dîme des olives; le Chapitre de Saint-

Nazaire, après avoir vainement réclamé, leur intenta un procès devant la cour royale de Béziers.

Le 1er février 1528, un accord fut conclu devant Me Raimond Colatoris, notaire à Béziers, entre les dignitaires du Chapitre, d'une part, et les consuls Cabanon et Renoulz, au nom de la Communauté, et les propriétaires Fabre, Puig et Delfau, mandataires de plusieurs habitants de Valros, d'autre part. Il fut réglé qu'à l'avenir le Chapitre pourrait percevoir par lui-même ou par des fermiers la dîme des olives dans toute l'étendue du prieuré de Saint-Pierre d'Erignan et de son annexe, Saint-Michel de Conolgue, et que la dîme serait levée *al vingt et ung*, c'est-à-dire que sur vingt et un sacs ou paniers, ou toute autre mesure dont on se servirait, le Chapitre en prendrait un, et les vingt autres resteraient au propriétaire. (Voir ci-dessous *Concordia facta inter Capitulum ecclesiæ bitterensis et habitatores de Valranis super decimis olivarum*. E.)

Nota. — Dans l'acte d'impignoration du fief d'Erignan en faveur de Raimond Blanq (1203), on trouve au nombre des témoins Martin de Fenouillet. C'est par celui-ci sans doute, ou quelqu'un de ses descendants, que l'église rurale de Fenouillet, dédiée à saint Martin (dont nous avons parlé dans la première partie de cet ouvrage), fut mise en possession du fief, qui passa à la chapelle de Saint-Martin, érigée dans l'église paroissiale de Montblanc, après que l'église de Fenouillet eut été ruinée par les Calvinistes.

A. — DE ERIGNANO

In Dei nomine. Ego Petrus de Teciano et mater mea Bernardis, et uxor mea Maria, impignoramus tibi Arnaldo Biterrensi Episcopo et successoribus tuis Episcopis, totum ipsum Decimum de omnibus rebus quem habemus et habere debemus per ullam vocem juste sive injuste, et nobis advenire debet in villa de Erignano, et in totis ejus terminiis, et totum quantum habemus et habere debemus injuste sive juste, in toto ipso præveirile et ecclesiastico de Ecclesia et Parrochia prænominate ville, et in ejus terminiis, et ibi in ipso præveirile, et ecclesiastico vobis advenire debet, et hoc propter solidos trecentos melgorenses bonos et perverribiles, tamdiu de anno in annos, donec per fidem sine ingameo persolvamus illos tibi vel successoribus tuis Episcopis Biterris civitatis ad terminum nativitatis Domini..... Facta fuit hæc carta tertio kalendas aprilis Dominicæ Incarnationis anno millesimo centesimo decimo sexto regnante rege Lodoico. Stephanus Siefredi scripsit.

(*Livre noir*, folio 305.)

B. — DE ERIGNANO

Anno Dominicæ incarnationis millesimo ducentesimo tertio mense novembris, rege Philippo regnante. Notum sit omnibus hominibus hanc cartam audientibus, quod ego Guillelmus de Luteva per me, ac per omnes infantes et hæredes meos præsentes et futuros bona fide et sine omni dolo, mitto in pignus et more boni et rati pignoris. Cum hac carta trado et obligo propter mille solidos melgorenses tibi Raimundo Blancho et infantibus tuis et hæredibus, omnique tuæ posteritati et cuicumque vel quibuscumque donaveritis, et dimiseritis, vel si pro prædicta pecunia quam bene de te habui et recepi, ita quod penes te nihil remansit in debitum, pignori subposueris, sine omni meo, meorumque consilio facere possis; scilicet omnes iilas taschas et quartas et usatichas, et totam dominationem, quæ omnia habeo in terminio Sancti Petri de Erignano, totum illum pignus prædictum habeas et teneas, et quidquid inde perceperis et habueris, sit tuum ad voluntatem tuam et tuorum, ita quod non computetur in sortem. Erit autem terminus redimendi ab hoc proximo venturo festo omnium sanctorum, usque ad quatuor annos completos, et si tunc redemptum non fuerit, stet deinceps ex anno in annum sic et tamdiu, donec ego vel mei hæredes reddamus et solvamus tibi vel tuis mille solidos melgorenses, vel viginti marchas argenti fini et puri defendente ex igne et martello, si tunc hæc melgorii moneta fuerit abatuda vel deterriorata seu ceciderit de lege vel penso, quo nunc est, ad hoc promitto et convenio tibi per stipulationem, quod si aliquid inde tibi vel tuis ablatum vel evictum fuerit jure, totum illud integrum restituam. Item si feudi servicium inde tibi vel tuis exigeretur, et id tibi vel tuis facere contigerit, totum illud integre desuper tu vel tui habeatis, et insuper dono inde tibi regressum speciale super condaminam meam, et super ferraginem, et super campum Delgres, per Valenciam, et totum istum honorem ego habeo inter terminium Sancti Tiberii, et terminium Sancti Martini de Fenoleto. Istud vero prædictum regressum tu vel tui habeatis, et teneatis tamtum et tamdiu, donec totum illud quod de prænominato pignore culpa mea vel meorum amiseris, fructibus tamen inde perceptis in sortem non computetis, et integre ad tuam tuorumque noticiam, sicut melius potest vel poterit intelligi vel dici, restituatur. Rursus notificetur omnibus hominibus hæc audientibus quod ego promitto tibi, quod si aliquo jure scripto vel non scripto, divino vel humano mihi competenti, vel competituro contra hæc omnia prescripta venire possum vel potero, omni illo jure, et non numeratæ pecuniæ exceptioni penitus renuntio, et sic juro tibi super hæc sancta quatuor Dei Evangelia a me corporaliter tacta. Iterum ego Arnaldus habens mihi obligatam prædicti honoris regressi totam medietatem, in hac ipsa medietate mea præfati honoris regressi, dono et laudo tibi regressum præfatum, quod Dominus Guillelmus de Luteva superius tibi habet promissum et datum, et sic bono animo et gratis plivio tibi per rectam fidem meam. Hanc laudavimus tibi ego Guillelmus de Luteva, et ego ipse Arnaldus cartam, in Villa Sancti Tiberii infra Curiam Domini abbatis in quadam domo, quam tenet Petrus Calveti, in præsentia et sub testimonio ejusdem, et Martini de Fenoleto et Petri Tolorini, et Guillelmi Siguini de Reisag, et Raimundi Amelii, Raimundi Rubei, et Berengarii Maurelli, et Radulfini, et Petri Vitalii, Ugonis Burgundiæ, et Poncii Pineti, et Geraldi Bonafos, et Stephani fratris ejus, Petrus Garnerii notarius publicus jussu nostro et testium omnium prædictorum hæc scripsit in stare prædicti Guillelmi Siguini de Reisag, anno et mense quo supra.

(*Livre noir*, fol. 272-273.)

C. — ITEM DE EODEM

Anno Dominicæ incarnationis millesimo ducentesimo duodecimo, mense martii, Philippo rege regnante. Notum sit omnibus hominibus quod ego Guillelmus de Lodeva nulla vi coactus, nullo dolo inductus, sive deceptus, sed spontanea ac Liberalitate mea, per me et per omnes meos tam præsentes quam futuros bona fide, et sine dolo, cum hac carta in perpetuum valitura, solvo guirpio, dono, cedo et penitus desamparo tibi Rixendi uxori quondam Raimundi Blanchi et infantibus tuis totum videlicet quidquid juris et rationis habeo, vel habere debeo, ratione seu consuetudine nunc a Domino Papa, vel ab ejus rectoribus confirmata, sive instituta, vel de cætero confirmatura, vel alio aliquo modo, qui dici vel excogitari possit, in cunctis fructibus et redditibus, et obventionibus quascumque tu vel tuus maritus Raimundus Blanchi, vel alia aliqua persona tui, tuorumque mandato habuistis et percepistis cunctorum illorum pignorum de terminio Sancti Petri de Irignano, sive quarti vel usatici, vel tasche, vel quidquid aliud sit expressum vel non expressum, quod totum a me dicto Guillelmo de Lodeva in pignore quondam habuisti et tenuisti qualicumque voce, illud totum ex mera et simplici liberalitate mea, in te et tuos dono, et concedo perpetuo et irrevocabiliter sine ulla mea meorumque retentione..... Sic per sancta quatuor Dei Evangelia juro propter hanc autem solutionem sive donationem confiteor me habuisse et recepisse plene et integre nomine solutionis quinquaginta solidos melgorenses cum quibus teneo me per bene perpagatum, et contentum a te et a tuis, de cunctis redditibus perceptis et extractis dictorum pignorum supradictorum. Hujus rei sunt testes... Petrus Bernardi notarius hæc scripsit.

(*Livre noir,* fol. 273-274.)

D. — COMPTE DES DÉCIMES du diocèse de Béziers, en 1322 et 1323.

(*Bull. Soc. arch. de Béziers.* 2ᵉ série. T. IV, p. 113.)

Les décimes étaient des taxes levées par le roi sur le clergé. On les appelait ainsi parce qu'elles représentaient la dixième partie du revenu territorial du prieuré.

. . . .

Rector de S. Adriano (*S.-Adrien*, près Servian)..	III lib.
de Valranis (*Valros*)....................	V lib.
de Erignano (*Erignan*)..................	III lib.
de Cerviano (*Servian*)...................	VI lib.
de Posagolis (*N.-D. de Pouzagols*, p. Servian)	II lib.
de Launacio (*S.-Pierre de Launas*, id.	III lib.
de Tornibus (*Tourbes*)..................	VIII lib.
de Monte albo (*Montblanc*)..............	VII lib.
Operarius de Monte albo (la Fabrique de Montblanc)	II lib.
Rector de Combatio (*Combas*, près Servian)......	I lib. VI sol.
de Posaco (*Pouzac*, près Servian).........	XVII sol.

En 1323, le marc d'argent était à 68 sols ; la livre valait 16 fr., le sol 0,80 cent. Pour connaître la valeur monétaire en 1323, il faut multiplier par 16 le chiffre exprimé.

E. — CONCORDIA FACTA INTER CAPITULUM ECCLESIÆ BITTERENSIS et HABITATORES DE VALRANIS super decimis olivarum.

Anno nativitatis X" millesimo quingentesimo vigesimo octavo, prima die februarii. Cum esset lis seu controversia et major moveri speraretur per et inter sindicum venerabilis Capituli bitterensis agentem et petentem ex una et Consules nomine universitatis et singularium loci de Valranis ex alia defendentes in causam et pro eo quod dictus sindicus dicebat quod prioratus Sancti Petri de Herinhano et suæ annexæ *Sancti Michaelis de Conolga* de Valranis erat unitus mensæ capitulari, medio cujus unionis dicebat decimam olivarum in decimaria sancti Petri de Herinhano et suæ annexæ sancti Michaelis provenientes ad se pertinere de jure et illam exigere et levare ab habitatoribus debebat et sibi pertinebat et ad dictam decimam sibi solvendam compelli debebant. Dicti vero consules et habitatores dicebant in contrarium non teneri quonimodo ad solutionem dictæ decimæ olivarum maxime cum ab omni ævo citra illam non solverint. Unde occasione præmissorum processus in curia bitterensi regia inchoatus exstiterat..... Tandem personaliter constituti in unum et videlicet egregii patres domini..... canonici ecclesiæ prædictæ pro majorem et saniorem partem Capituli ex una et probi viri Durandus Cabanonis et Fulcrandus Renoulz consules totius universitatis et Stephanus Fabre, Petrus Puig et Jacobus Delfau dicti loci de Valranis habentes potestatem et mandatum pro nonnullis habitatoribus nominatis in deliberatione consilii super his tenta constante instrumento recepto per magistrum Berengarium Amalric notarium Sancti Thiberii parte ex alia, qui volentes venire ad pacem ex gratia..... convenerunt in modum sequentem, Videlicet quod amodo in antea dictum Capitulum per se seu per suos renderios levabit et levare ac exigere poterit decimam olivarum prædictam in dicta decimaria sancti Petri de Herinhano et suæ annexæ sancti Michaelis de Conolga ab habitatoribus dicti loci de Valranis *al vingt et ung*, videlicet quod de viginti et una sarguia seu costaria vel aliis mensuris cum quibus olivæ mensurabuntur dictum Capitulum levabit et habebit pro decima unam mensuram et viginti mensuræ remanebunt domino utili olivarum et erit in optione seu libertate dicti Capituli seu sui renderii decimare dictas olivas in domo cujuslibet habitatoria seu in molendino oleastro . . . .

(*Livre de omnibus*, Vol. A, f° ii v.)

TABLE DES MATIÈRES

Pages.

PRÉFACE.. I

L'Eglise de Montblanc.

CHAPITRE PREMIER

Eglise primitive.

I. Age, forme, extérieur, intérieur........................ 1
II. Inscription tumulaire........................ 4

CHAPITRE DEUXIÈME

Eglise actuelle.

Agrandissement de l'église........................ 6

I. — Clocher.

I. Description, hauteur........................ 7
II. Intérieur : porche; premier étage, greniers pour la dîme; deuxième étage, archives consulaires......... 8
III. Cloche; inscription........................ 9
IV. Chapelle de Saint-Martin; revenus, chapelains........ 10

II. — Chapelles latérales.

I. Chapelles du côté droit........................ 12
1° Chapelle de Notre-Seigneur........................ 13
2° Chapelle des onze mille vierges; revenus, chapelains 13
Chapelle de Sainte-Catherine; id. 14
Chapelle de Cotte; id. 14
Chapelle de Saint-Antoine; id. 15
II. Chapelles du côté gauche; description 15

Chapelle de la Bienheureuse Vierge Marie; Notre-Dame du Rosaire, Notre-Dame du Suffrage 16

III. — Modifications diverses.

Ouverture des baies latérales. — Vandalisme 17
Consécration 18

IV. — Chaire et autel majeur.

Chaire à prêcher; style, forme 18
Maître-Autel; id. 19

V. — Sacristie.

Construction et réédification 19

CHAPITRE TROISIÈME

Cimetière.

Vieux cimetière. — Cimetière hors des murs. — Sépultures dans l'église 21

CHAPITRE QUATRIÈME

Anciennes églises rurales.

I. — Saint-Martin de Fenouillet.

Sa position, son fief, sa ruine; débris archéologiques 24

II. — Saint-Pierre d'Erignan.

Sa position; prieuré; ruine de l'église; découvertes archéologiques 26

Histoire de Montblanc.

CHAPITRE PREMIER

Période ancienne.

I. Origine. Voie domitienne. Nom 31
II. Premiers documents historiques. Fortifications 33

I. — Maison de Servian.

Guerre des Albigeois. Réunion à la Couronne 34

II. — Seigneurie royale.

Prieuré ; revenus, charges. Dìmerie de Sainte-Eulalie...... 35

III. — Comté de Pézénas.

I. Création du Comté, Montblanc en fait partie........... 37
II. Le Chapitre de Saint-Nazaire, prieur. Service religieux.. 38
III. Œuvre ou Fabrique ; revenus, charges.............. 40
IV. Confréries : de Sainte-Eulalie, de Notre-Seigneur..... 42
V. Etablissements de bienfaisance : la Caritat, l'Espital... 43

CHAPITRE DEUXIÈME

Renaissance.

I. — Le Roi de Navarre, seigneur.

I. Fr. Phébus, Catherine, Henri d'Albret.............. ... 46
II. Château, style. — Visite de François Ier............... 46
III. Les Chevaliers de Saint-Jean de Jérusalem........... 48

II. — Communauté.

I. Organisation communale. Conseil général des habitants, consuls, clavaire, tailhaire........................... 49
II. Conseil extrait ; ses attributions, nomination des officiers chargés des services publics, arrentements et moinsdites....................................... 51
III. Maison consulaire.................................. 53

III. — Malefosse, seigneur.

I. André de Malefosse. Vente de la queste annuelle....... 54
II. Jean de Malefosse.................................. 55
III. Excès des religionnaires ; les protestants à Montblanc, nombre, temple, cimetière...................... 55
IV. Melchior de Malefosse. Transaction relativement à la dîme des olives................................ 58
V. Gaspard de Malefosse. Justice seigneuriale, sénéchal, justice consulaire ; leur compétence................ 59
VI. Etat paroissial. Visite pastorale de Jean de Bonsy..... 60

CHAPITRE TROISIÈME

Dix-septième siècle.

I. — Gaspard de Malefosse, seigneur.

I. Œuvres d'utilité communale : compoix, Condamine, horloge, fontaines, santé publique.................. 67

II. Revenus de la Communauté : couratage, pré commun, balances, maison à forge, balayage, herbages........ 70
III. Ostensoir. Confrérie des Pénitents blancs............ 72
IV. Transaction entre le Vicaire perpétuel et le Chapitre. Procès entre la Communauté et le Chapitre. Madailhe, vicaire perpétuel.................................. 74
V. Fortifications, réparations. Séjour des troupes royales. 77
VI. Droits seigneuriaux; transaction entre la Communauté et le seigneur. Mort de Gaspard de Malefosse... 78

II. — Thézan de Saint-Geniès, seigneur.

I. Transaction entre les frères de Thézan relativement à la seigneurie.. 80
II. Révolte des Protestants. Familles protestantes de Montblanc.. 82
III. La peste; principales victimes. Refonte de la grosse cloche.. 83
IV. Règlement définitif de la possession de la seigneurie... 85

III. — Le prince de Bourbon-Condé, seigneur.

I. Achat du comté de Pézénas. Justice royale de Montblanc 86
II. Transaction entre la Communauté et Hercule de Thézan relativement aux droits seigneuriaux dus......... 87

IV. — Le prince de Conti, seigneur.

I. Choix forcé pour l'élection des Consuls........ 88
II. Guerre de Catalogne; passage de militaires, événement tragique.. 89
III. Confrérie du Rosaire................................ 90
IV. Moncorier, vicaire perpétuel; double procès avec la Communauté.. 91
V. J. Nauthon, vicaire perpétuel. Transaction entre l'Hôpital et le baron de Luc. Maison de l'Hôpital, assassinats. Pèlerinage à Mougères. Révolution féminine.......... 92

V. — Développement de la vie communale.

I. Concession des chaperons. Construction de la maison commune.. 94
II. Boucherie communale; prix de la viande pendant les XVIIe et XVIIIe siècles.................................. 95
III. Maison de Ville; armoiries, pilori.................. 96
IV. Instruction publique................................ 97
V. Réparations importantes. Imposition. Conversion de la dette communale.................................... 98
VI. Droit de présentation pour le consulat.............. 99
VII. Abjuration des Protestants de la localité............ 100

VIII. Milhau, vicaire perpétuel. Epidémies, hygiène. Entretien des murailles et des portes de la Ville........... 101
IX. Création des offices de maire et de greffier consulaire.. 103
X. Confrérie de la Charité.............................. 103

CHAPITRE QUATRIÈME

Dix-huitième siècle.

I. — Le prince de Conti, seigneur.

I. Michel, vicaire perpétuel. Hiver de 1708.............. 106
II. Moralité.. 107
III. Fiefs. Droits seigneuriaux; contrats d'abonnement.... 108
IV. Biens de la famille de Saint-Geniès. Lemoine de Margon 111
V. Sécheresse. Mûriers. Filatures........................ 112
VI. Presbytère, réfection de la façade. La Mandarelle...... 114
VII. Confrérie des Pèlerins............................. 114
VIII. Démêlés entre le Curé et les administrateurs de la Fabrique.. 117
IX. Monarchie et patriotisme............................. 118

II. — Changements dans l'administration communale.

I. Conseil politique; conseil renforcé.................... 118
II. Carbasse, vicaire temporaire. Décoration du chœur de l'église. Tiffy, vicaire perpétuel..................... 119
III. Extension de l'autorité du Maire.................... 121
IV. Réparations à l'église. Visite du Conseil politique à l'Evêque. Procès entre la Communauté et le Curé. Hiver de 1748.. 122
V. Fief de Combas, abonnement 123
VI. Jacques Guibert, vicaire perpétuel. Suppression du second vicaire. Bénédiction de la cloche Sainte-Eulalie. Entretien des cloches........................ 125
VII. Suppression de la justice royale. Justice consulaire, bergers, précepte dominical, hygiène 127
VIII. Démêlés entre l'administration consulaire et le régent Prades.. 132
IX. Louis Guibert, vicaire perpétuel; ses débuts.......... 136

III. — Le comte de Provence, seigneur.

I. Vente du comté de Pézénas. Achat de l'office de police. 137
II. Garrigues communales; défrichements, procès 138
III. Formation de deux partis. Lutte pour la défense des franchises communales.............................. 140
IV. Trois procès à la fois. Assassinat de H. Nauthon..... 141

V. Convocation des Etats généraux en 1789............ 143
VI. Budget de la Communauté pour l'année 1789... 143

CHAPITRE CINQUIÈME

Révolution.

I. — L'Assemblée nationale.

I. Institution du Conseil général de la commune. Garde nationale.................................. 146
II. Suppression de la dîme, pétitions........... 147
III. Loi martiale. Fête de la fédération................ 148
IV. Constitution civile du clergé. Guibert, curé constitutionnel.. 149
V. Vente des biens ecclésiastiques...................... 151
VI. Suppression des confréries........................... 152

II. — La Convention.

I. Renouvellement des assemblées législative et communales 153
II. Deux partis; clubs... 154
III. Le curé Guibert, suspect, déchu de sa place, mis en prison.. 155
IV. Inventaire du mobilier de l'église.................. 159
V. Réveil de l'esprit militaire; volontaires; réquisitions... 159

III. — La Terreur.

I. Les suspects.. 162
II. Emprunt forcé. Loi du maximum.................... 163
III. Salut public. Nombreux comités. Misère............ 165
IV. Note gaie. Volontaires forcés....................... 166
V. Suppression du culte; démolitions dans l'église........ 167
VI. Le baron de Sarret et Guibert devant le tribunal révolutionnaire.. 169

IV. — Réaction thermidorienne.

I. Réorganisation de la municipalité.................... 170
II. Réouverture de l'église, état du saint lieu. Le citoyen Bonnafi, ministre du culte............................ 171
III. Vente de la Condamine et de la maison commune.... 172
IV. Suppression des Conseils généraux, création des Conseils cantonaux................................... 173
V. Baptistat, curé intrus.................................. 173

V. — Le Directoire et le Consulat.

I. Le Directoire exécutif................................ 175
II. 18 Brumaire an VIII. Etablissement des conseils municipaux. Lutte entre Baptistat et la municipalité....... 175

CHAPITRE SIXIÈME

Dix-neuvième siècle.

I. — Rétablissement du culte.

I. Concordat. Reconstitution de la paroisse............... 178
II. Barthès, premier desservant........................ 179
III. Restauration des Confréries; Pénitents, Pèlerins, Rosaire 181
IV. Réparations à l'église.............................. 183
V. Chute de l'Empire................................... 184
VI. Passage du pape Pie VII............................ 185

II. — Période moderne.

I. Pagès, curé. Croix du Jubilé. Erection du vicariat... ... 186
II. Gros, curé. Réparations à l'église. Mission............ 187
III. Vernière, curé..................................... 189
IV. Barthès, curé...................................... 189
V. Cadenat, curé....................................... 190

III. — Epoque contemporaine.

I. Tailhades, curé. Coup d'Etat. Chapelle Sainte-Philomène 190
II. Association de Saint-Roch. Extinction des confréries d'hommes.. 191
III. Projets du curé Tailhades; sa mort.... 193
IV. Barrière, curé. Embellissement de l'église............ 194
V. Visite pastorale de Mgr de Cabrières................. 195
VI. La chapelle de Sainte-Philomène dévalisée. Nouveau cimetière... 196

Appendices.

I. — Visite pastorale de Jean de Bonsy.

I. Procès-verbal :
1° Mons albus............ 199
2° Ecclesia Sancti Petri........................ 206
3° Mandatum.................................... 207
II. Audition des habitants............................ 208
III. Audition des Prebstres........... 211

II. — Saint-Pierre d'Erignan.

Notice historique...................................... 212

Saint-Michel de Conolgue........................ 215
Note sur Saint-Martin de Fenouillet........................ 216

Pièces justificatives.

A. De Erignano (1116)........................ 216
B. De Erignano (1203)........................ 217
C. Item de Erignano (1212)........................ 219
D. Compte des décimes (1322-1323)........................ 220
E. Concordia facta inter Capitulum ecclesiæ bitterensis et habitatores de Valranis super decimis olivarum (1528) 222

Bar-le-Duc. — Impr. Saint-Paul.

ERRATA

Page 17, ligne 10, lisez : *ébrasée.*

— 28, — 8, lisez : *anciennes* églises.

— 54, — 9, lisez : *en* pratique.

— 60, — 2, lisez : *sénéchal.*

— 77, — 12, lisez : *à* l'abri.

— 99, — 26, lisez : *dix* ans.

— 106, — 3, lisez : *1685.*

— 111, — 34, lisez : moitié *fruit.*

— 112, — 3, lisez : *régente.*

— 120, — 20, lisez : en contre-bas *de la rue.*

— 170, — 8, lisez : *9* thermidor.

— 171, — 17, lisez : . id.

www.ingramcontent.com/pod-product-compliance
Ingram Content Group UK Ltd.
Pitfield, Milton Keynes, MK11 3LW, UK
UKHW021046220726
13924UKWH00005B/2047

9 782019 922818